Ian McEwan

Erkenntnis und Schönheit

Über Wissenschaft, Literatur und Religion

Aus dem Englischen von
Bernhard Robben und
Hainer Kober

Diogenes

Inhalt

Literatur, Wissenschaft und die
    menschliche Natur   7

The Originality of the Species
    oder: Wer ist der Erste?   49

Eine parallele Tradition   77

Das Ich   93

Endzeitstimmung   137

Literatur, Wissenschaft und
die menschliche Natur

Größe in der Literatur ist für die meisten von uns verständlicher und nachvollziehbarer als Größe in der Wissenschaft. Wir haben alle unsere eigene oder doch eine überkommene Vorstellung davon, was es heißt, ein großer Schriftsteller zu sein. Lesen wir *Anna Karenina* oder *Madame Bovary,* verstehen wir auf Anhieb, ob nun ehrfürchtig und begeistert oder pflichtbewusst und voller Skepsis, was gemeint ist, wenn man von Größe redet. Wir verfügen über das Privileg eines unmittelbaren Zugangs. Schon beim ersten Satz spüren wir die Präsenz, die Eigenart eines besonderen Geistes; und in wenigen Minuten lesen wir das Ergebnis lang vergangener Stunden, die Früchte der einsamen Arbeit eines Nachmittags vor über hundertfünfzig Jahren. Und was ehedem ein persönliches Geheimnis war, das sich nach und nach offenbarte, wird jetzt zu unserem Geheimnis. Erdachte Menschen erscheinen vor unseren Augen, ihre historischen wie häuslichen Lebensumstände werden genau beschrieben, ebenso ihre Charaktere. Wir bezeugen und beurteilen das Geschick, mit dem sie heraufbeschworen werden. Dank einer unausgesprochenen Übereinkunft, einer Art Pakt zwischen Schriftsteller und Leser, gehen wir davon aus, dass wir diese Menschen, so fremd sie uns anfangs auch vorkommen mögen, schon bald verstehen werden und ihre Eigenart schätzen lernen. Das gelingt, indem wir auf unser eigenes Verständnis vom Menschsein zurückgreifen. Wir besitzen, um es mit einem Begriff aus der kognitiven Psychologie zu benennen, eine Theorie des Geistes, ein mehr oder minder unmittelbares Verständnis dafür, was es heißt, jemand anderes zu sein. Ohne ein solches Verständnis wäre es uns, wie die Psychopathologie beweist, praktisch unmöglich, Beziehungen aufzubauen und zu halten, ein Mienenspiel zu deuten, Absichten zu erkennen oder auch nur zu erahnen, wie wir selbst wahrgenommen werden. Dem besonderen Geschehen, das uns ein Roman aufblättert, begegnen wir mit diesem tiefen, umfassenden Verständnis. Als Saul Bellows Herzog vor einem Spiegel steht, was Figuren in Romanen so gern und zweckdienlicherweise tun, trägt er nur Badehose und einen kürzlich gekauften Strohhut. Seine Mutter wollte, dass er Rabbi wird, er aber kam sich in

»… Badehose und dem Strohhut, mit dem von schwerer Traurigkeit gezeichneten Gesicht und der törichten Sehnsucht des Herzens, von der ihn ein religiöses Leben vielleicht gereinigt hätte, grauslich unrabbinerhaft vor. Dieser Mund! – belastet von Begehren und unversöhnlichem Zorn, die manchmal grimmig aussehende gerade Nase, die dunklen Augen! Und diese Figur! Die langen Adern, die sich durch seine Arme wanden und die hängenden Hände zogen, Teil des Kreislaufs, eines alten Systems, das von noch höherem Alter als das der Juden war … Barbeinig sah er aus wie ein Hindu.«[*]

Mag sein, dass der Leser nicht jede Besonderheit der Verfassung Herzogs zuinnerst nachvollziehen kann – Amerikaner Mitte des zwanzigsten Jahrhunderts, Jude, Stadtbewohner und geschiedener Mann, ein introvertierter Intellektueller –, noch mögen jüngere Leser Verständnis für die Reumütigkeiten des frühen mittleren Alters aufbringen, doch eine Selbstprüfung, die geradezu einer Abrechnung mit der eigenen Person gleichkommt, ist von allgemeiner Gültigkeit, ebenso die drollige,

---

[*] Saul Bellow: *Herzog*. Köln, 1965. Übersetzt von Walter Hasenclever

fälschliche und naive Wahrnehmung, laut der die eigene Biologie – das Kreislaufsystem – älter als die eigene Religion sei und folglich mehr über das Wesen des Menschseins verrate. Gleichsam am Wegesrand jener bereits erwähnten, unausgesprochenen Übereinkunft zwischen Schriftsteller und Leser erblüht die Literatur und offeriert uns eine geistige Karte, deren Nord und Süd das Spezifische und das Allgemeine sind. Im besten Fall ist Literatur universell und erhellt die menschliche Natur eben dort, wo sie regionaler und spezifischer kaum sein kann.

Größe in der Wissenschaft ist für die meisten von uns schwerer nachzuvollziehen. Wir könnten zwar eine Liste mit den Namen von angeblich großen Wissenschaftlern erstellen, doch sind nur die wenigsten von uns mit ihnen derart vertraut, dass wir das Besondere ihrer Leistung erklären könnten. Zum einen liegt das am Werk selbst – es ist nicht gerade leicht zugänglich –, es objektiviert, distanziert, erschwert die Lektüre durch schwierige oder scheinbar irrelevante Details. Die Mathematik ist eine weitere Barriere. Zudem zirkulieren wissenschaftliche Ideen ganz unabhängig von ihren Schöpfern. Wissenschaftler können durchaus die klassischen Bewegungsgesetze kennen, ohne sich je mit den entsprechen Texten von Newton selbst vertraut gemacht zu haben; sie eignen sich die Relativitätstheorie aus Lehrbüchern an, ohne Einsteins *Spezielle und Allgemeine Relativitätstheorie* zu lesen, oder sie verstehen die Struktur der DNA, ohne Cricks und Watsons Abhandlung von 1953 zu kennen – oder kennen zu müssen.

Und Letztere liefern uns ein Paradebeispiel. Ihr kaum zwei Seiten langer und in der Zeitschrift *Nature* veröffentlichter Aufsatz endet mit der berühmten bescheidenen Formulierung: »Es ist unserer Aufmerksamkeit nicht entgangen, dass die spezifische Paarung, die wir postuliert haben, direkt auf einen möglichen Kopiermechanismus für genetisches Material schließen lässt.«* Was sich ungefähr übersetzen ließe mit: »Hört alle her! Wir haben den Mechanismus entschlüsselt, wie sich das Leben auf der Erde repliziert; vor Freude sind wir außer Rand und Band und können kein Auge mehr zutun.« *Es ist unserer Aufmerksamkeit nicht entgangen* verrät jenen vertrauten Umgang, den ich meine. Ihn aus erster Hand erleben zu können ist nicht ganz einfach.

Allerdings gibt es einen herausragenden Wissenschaftler, der in dieser Hinsicht beinahe so zugäng-

---

* zitiert nach: David Sadava et. al.: *Purves Biologie*. Springer Verlag, 2007, S. 339

lich ist wie ein Romancier. Selbst Nichtwissenschaftler können anhand von Darwins Werk nachvollziehen, was ihn groß und einzigartig macht. Teils liegt das an der Abfolge günstiger Zufälle, die ihn seinen Weg finden ließen, jeder einzelne Schritt stets an der endgültigen Leistung gemessen. Teils liegt es auch am Thema selbst. Die Naturgeschichte des neunzehnten Jahrhunderts, vielmehr die ganze damalige Biologie, war eine beschreibende Wissenschaft. Und die Theorie der natürlichen Selektion ist in ihren Grundzügen nicht schwer zu verstehen, obwohl ihre Auswirkungen ungeheuer, ihre Anwendungsmöglichkeiten beachtlich und die Konsequenzen in wissenschaftlicher Hinsicht ziemlich komplex sind – wie dies etwa die Theoretische Biologie von Bill Hamilton zeigt. Darwins Werk ist darüber hinaus so zugänglich, weil er, wenn auch kaum der größte Prosaschriftsteller des neunzehnten Jahrhunderts, so überaus mitteilsam war, warmherzig, ehrlich und direkt. Er schrieb viele Briefe und hat manch ein Notizbuch gefüllt.

Lesen wir sein Leben wie einen Roman, wie Bellows *Herzog,* wie eine große Abrechnung. Charles kommt mit sechzehn Jahren an die Universität von Edinburgh, zeigt sich aber vom Studium der Medizin bald enttäuscht. Seinen Schwestern schreibt er: »Von einem Mohren lerne ich, wie man Vögel ausstopft.«* Bei einem gewissen John Edmonstone, einem freigelassenen Sklaven, den er »sehr sympathisch und intelligent« findet, nimmt Charles Stunden in Tierpräparation. Edmonstone erzählt dem jungen Darwin von seinem Leben als Sklave und beschreibt ihm die Wunder des tropischen Regenwaldes. Sein Leben lang sollte Darwin die Sklaverei verabscheuen, und vielleicht hat diese frühe Bekanntschaft einigen Einfluss auf das vergleichsweise vernachlässigte Buch Darwins gehabt, über das ich im Weiteren reden möchte. Ein Jahr später lernt Darwin die Ideen von Lamarck kennen und lauscht in Edinburghs Debattierklubs ebenso hitzig vorgebrachten wie gottlosen Argumenten für den wissenschaftlichen Materialismus. Auf der Suche nach Meeresgeschöpfen wandert er tagelang die Ufer des Firth of Forth ab und berichtet in seinem Notizbuch von 1827 ausführlich über seine Untersuchungen zweier wirbelloser Meerestiere.

Da Charles sich mit dem Gedanken einer ärztlichen Laufbahn nicht anfreunden kann, schlägt sein Vater ihm vor, es doch mit dem Priesteramt zu versuchen. »Er war vehement dagegen, dass ich ein Mann der Muße werde, worauf mein Leben damals

* Sofern eine Quelle bzw. deren Übersetzung nicht nachgewiesen ist, handelt es sich um eine eigene Übersetzung. (Anmerkung des Übersetzers)

hinauszulaufen schien.« Also beginnt Charles mit achtzehn Jahren ein Studium in Cambridge, wo aus seiner Vorliebe für Naturgeschichte wahre Leidenschaft wird. »Was werden wir für einen Spaß haben«, schreibt er seinem Vetter William Darwin Fox, »und was werden wir viele Käfer fangen! Es wird meiner Seele guttun, noch einmal unsere alten Jagdplätze aufzusuchen … wir wollen regelrechte Feldzüge in die Fens unternehmen; der Himmel stehe den Käfern bei.« Und in einem weiteren Brief: »Ich verkümmere regelrecht, weil ich niemanden habe, mit dem ich über Insekten reden kann.« Während der letzten beiden Trimester überredet ihn sein Mentor Henslowe, Professor für Botanik, zusätzlich Geologie zu belegen.

Nach dem Studium vermittelt Henslowe ihm die Möglichkeit, als Naturforscher und Begleiter des Kapitäns an Bord der *Beagle* zu gehen, um im Auftrag der Regierung eine Vermessungsfahrt nach Südamerika zu unternehmen. Anhand der Argumente, mit deren Hilfe Darwin versucht – unterstützt von seinem Onkel Josiah Wedgewood –, die Zustimmung des Vaters zu gewinnen, können wir sein Ringen um diese Fahrt nachvollziehen. »Ich muss noch einmal betonen«, bekniet er ihn in ernstem Ton, »dass ich nicht sehe, wie mich die Fahrt für ein geregeltes Leben ungeeignet machen sollte.«

Nach wochenlangem Aufschub und zwei abgesagten Aufbruchterminen setzt die *Beagle* am 27. Dezember 1831 endlich die Segel. Erst plagt ihn tagelang die Seekrankheit, dann verhindern Quarantänemaßnahmen die Landung in La Palma, aber Charles wirft am Heck des Schiffes ein Netz aus; das Wetter ist prächtig, und er fängt »eine Vielzahl eigentümlicher Tiere, die mich jede freie Minute in meiner Kabine beschäftigen«. Endlich legen sie in St. Jago auf den Kapverdischen Inseln an, und der junge Mann ist wie im Rausch. »Die Insel hat mich so begeistert und so viel gelehrt«, schreibt er seinem Vater, »aber einem Menschen, der Europa nie verlassen hat, den Anblick der Insel, diese völlige Unvergleichbarkeit einer tropischen Welt zu beschreiben, wäre sinnlos, käme das doch dem Versuch gleich, einem Blinden erklären zu wollen, was Farben sind … Wenn immer mir etwas gefällt, freue ich mich darauf, darüber schreiben zu können … Also entschuldige bitte meine – zudem noch schlecht formulierten – Ausbrüche der Ekstase.«

Er genießt es, in seiner vollgestopften Kabine zu arbeiten, zu zeichnen und seine Gesteinsexemplare, die gesammelten Pflanzen und Tiere zu beschreiben, um sie dann zu verpacken und nach England zu Henslowe zu schicken. Die Begeisterung lässt auch im weiteren Verlauf der Expedition nicht nach, darüber hinaus gewinnt Charles zunehmend an wissenschaftlichem Selbstvertrauen. Henslowe schreibt er:

»… nichts hat mich so sehr begeistert, wie zwei elegant gefärbte, den tropischen Trockenwald bevölkernde Spezies der Planariidae zu finden! Die vermeintliche Verwandtschaft, die sie mit Schnecken aufweisen, ist das Faszinierendste, was mir je untergekommen ist … manche Meeresarten besitzen eine so wunderbare Organisation, dass ich meinen Augen kaum zu glauben vermag … Heute war ich unterwegs und musste bei der Rückkehr an die Arche Noah denken, so viele Tiere unterschiedlichster Art hatte ich dabei … Ich entdeckte eine überaus seltsame Schnecke und jede Menge Spinnen, Käfer, Schlangen und Skorpione. Zu guter Letzt schoss ich noch ein Schwein, das gut und gern einen Zentner wog …«

Mit riesigen Mengen konservierter, vorausgeschickter und bereits klassifizierter Exemplare sowie einer Theorie über die Entstehung der Erde und der Korallenriffe, die allmählich in seinem Kopf Gestalt annahm, galt der siebenundzwanzigjährige Darwin bei seiner Rückkehr nach England, fünf Jahre später, bereits als ein geachteter Wissenschaftler. Es erinnert ein wenig an die Faszination und Einsicht, die uns große Literatur bietet, wenn Darwin mit neunundzwanzig, nur zwei Jahre nach seiner Reise mit der *Beagle* und einundzwanzig Jahre, ehe er *Über die Entstehung der Arten* veröffentlichen sollte, seinem Taschennotizbuch einen ersten Hinweis auf die so schlichte wie schöne Idee anvertraut: »Abstammung des Menschen jetzt bewiesen … Wer den Pavian versteht, würde mehr zur Metaphysik beitragen als John Locke.«*

Und doch bietet *Über die Entstehung der Arten* keinen leichten Zugang zum Verständnis der Größe Darwins. Liest man sein Werk als Literatur und nicht als Theorie, kann es den fachfremden Leser mit seiner Vielfalt an Beispielen überwältigen – Resultat von Darwins Warten und Zaudern –; und es ist auch wohl kein Zufall, dass die am häufigsten zitierte Passage aus dem letzten Absatz des Buches stammt.

Darwin war ein Wissenschaftler jenes Schlags, für den Leben und Arbeit untrennbar miteinander verbunden sind. Sein Studium der Erdwürmer im

---

* zitiert nach: Richard David Precht: *Die Kunst, kein Egoist zu sein*. Berlin, 2010

Garten im Dorf Downe ist allgemein bekannt. Er besuchte Märkte auf dem Land, um Pferde-, Hunde- oder Schweinezüchter zu befragen; und auf Pflanzmärkten fachsimpelte er mit den Züchtern preisgekrönter Gemüsesorten. Er war ein hingebungsvoller Vater und hielt in seinem Notizbuch fest: »Mein erstes Kind wurde am 27. Dezember 1839 geboren; und ich begann gleich, mir Notizen über seine vielfältige Mimik zu machen ...« Lang ehe eine angeborene *Theory of Mind*, eine Theorie des Geistes, postuliert wurde, experimentierte Charles Darwin mit William, seinem Erstgeborenen, und zog seine eigenen Schlüsse:

> »Als es wenige Tage über sechs Monate alt war, that seine Wärterin so, als weinte sie; und hier sah ich, wie sein Gesicht augenblicklich einen melancholischen Ausdruck annahm mit stark herabgezogenen Mundwinkeln ... Es scheint mir aber, dass ihm ein angeborenes Gefühl gesagt haben muss, das vermeintliche Weinen der Wärterin drücke Kummer aus; und dies erregte durch den Instinkt der Sympathie in ihm Kummer.«[*]

---

[*] Charles Darwin: *Ausdruck der Gemüthsbewegungen bei dem Menschen und den Thieren.* Stuttgart, 1877. Übersetzt von J. Victor Carus

Bei einem Ausritt hält er an, um mit einer Frau zu reden, und bemerkt, wie sie die Brauen zusammenzieht, als sie gegen die Sonne zu ihm aufschaut. Daheim geht er mit seinen drei Kindern in den Garten und lässt sie zu einem hellen Himmelsflecken aufblicken. Der Grund? »Bei allen dreien wurden die kreisförmigen Muskeln, die Augenbrauenrunzler und die Pyramidenmuskeln energisch durch Reflexthätigkeit … zusammengezogen.«*

Über viele Jahre, in denen Darwin vorwiegend anderen Projekten nachging, hat er für *Ausdruck der Gemüthsbewegungen bei dem Menschen und den Thieren* recherchiert, seinem ungewöhnlichsten und zugänglichsten Buch, reich an beobachteten Details sowie brillanten Spekulationen und zudem wunderschön illustriert – eines der ersten wissenschaftlichen Bücher mit Fotografien, darunter auch einige von seinem eigenen schmollenden und lachenden Baby –, inzwischen in dritter Ausgabe verfügbar, überarbeitet und annotiert von Paul Ekman, dem großen amerikanischen Gefühlspsychologen. Darwin bemühte sich nicht nur, die Mimik von Menschen oder von Hunden und Katzen zu beschreiben – wie wir, wenn wir uns ärgern, die Muskeln um die Augen zusammenziehen und un-

* ebd.

sere Eckzähne fletschen oder wie wir, mit Ekmans Worten, jene, die wir lieben, mit dem Gesicht berühren wollen, nein, er stellte auch die schwierige Frage nach dem Warum. Warum werden wir vor Verlegenheit rot und nicht blass? Warum heben sich im Kummer die inneren Enden der Brauen, warum hebt sich nicht die ganze Braue? Warum buckeln Katzen, wenn sie jemanden mögen? Ein Gefühl, so argumentierte Darwin, sei ein physiologischer Zustand, ein direkter Ausdruck eines physiologischen Vorgangs. Auf der Suche nach Antworten macht er allerhand amüsante Abschweifungen und Beobachtungen: Etwa, wie Billardspieler, vor allem Anfänger, versuchen, den Ball mit einer Bewegung des Kopfes, oft auch des ganzen Körpers ans Ziel zu lenken. Wie ein eingeschnapptes Kind auf den Knien seiner Mutter sitzt, eine Schulter anhebt und diese dann mit ablehnender Miene rückwärts stößt oder wie wir bei einem heiklen oder schwierigen Vorgang den Mund fest zusammenpressen.

Diesem Reichtum an Details liegen fundamentalere Fragen zugrunde. *Lernen* wir zu lächeln, wenn wir glücklich sind, oder ist Lächeln angeboren? Mit anderen Worten: Sind Gesichtsausdrücke universell, für alle Kulturen und Rassen gleich? Oder sind sie kulturspezifisch? Darwin schrieb Menschen in abgelegenen Gegenden des britischen Weltreiches

Briefe und bat sie, die Mimik der indigenen Bevölkerung zu beobachten. In England zeigte er Fotografien unterschiedlicher Gesichtsausdrücke herum und bat um einen Kommentar. Er berief sich auf eigene Erfahrungen. Das Buch ist anekdotisch verfasst, unwissenschaftlich und überaus hellsichtig. Gefühlsausdrücke sind das Ergebnis von Evolution, schloss Darwin, folglich universell. Er widersprach damit der Ansicht des einflussreichen Anatomen Sir Charles Bell, dem zufolge gewisse, einzigartige Muskeln, für die es im Tierreich keinerlei Äquivalent gebe, von Gott im Gesicht des Menschen geschaffen wurden, damit es ihm möglich sei, Gefühle mit anderen Menschen auszutauschen. In einer Fußnote zitiert Ekman aus Bells Buch: »Der bemerkenswerteste Muskel im menschlichen Gesicht ist der corrugator supercilii, der die Brauen zusammenzieht, was eine enigmatische Wirkung hervorruft, die so unerklärlich wie unabweisbar die Idee eines Verstandes nahelegt.« In Darwins Exemplar von Bells Buch sind diese Zeilen unterstrichen und mit den Worten kommentiert: »Ich fürchte, er hat nie einen Affen seziert.« Wie Darwin gezeigt hat, gibt es diese Muskeln natürlich auch in anderen Primaten.

Indem er aufzeigte, dass für die Mimik bei Menschen wie Primaten dieselben Prinzipien gelten, trat Darwin für Kontinuität und Fortentwicklung der Spezies ein – ein gewichtiges Argument für seine Theorie der Evolution und für die Widerlegung christlicher Ansichten, denen zufolge der Mensch eine besondere Schöpfung ist, die sich grundsätzlich von allen anderen Tieren unterscheidet. Darwin war zudem fest entschlossen, mittels Universalität eine gemeinsame Abstammung aller menschlichen Rassen nachzuweisen. Damit stellte er sich in deutlichen Widerspruch zu rassistischen Ansichten von Wissenschaftlern wie Louis Agassiz, die behaupteten, Afrikaner seien Europäern unterlegen, weil sie von anderer, minderwertiger Herkunft seien. In einem Brief an Hooker erwähnt Darwin, dass Agassiz die Doktrin »mehrerer Spezies« (des Menschen) postuliere, »wohl sehr, wie ich denke, zum Gefallen der Sklavenhalter in den Südstaaten«. Moderne Paläontologie und Molekularbiologie beweisen, dass Darwin recht hatte und Agassiz sich irrte: Wir stammen von einer gemeinsamen Stammform anatomisch moderner Menschen ab, die vor vermutlich kaum zweihunderttausend Jahren aus Ostafrika auswanderten, um sich über die Erde zu verbreiten. Örtliche Klimaunterschiede ließen Varianten der Spezies entstehen, deren Unterschiede buchstäblich nur gerade mal bis unter die Haut gehen. Zur Rechtfertigung von Eroberungen und Unterwerfungen haben wir diese Unterschiede dann zu einem unhinterfragbaren Dogma erhoben. Darwin schrieb:

»… dass alle die hauptsächlichsten Ausdrucksweisen, welche der Mensch darbietet, über die ganze Erde dieselben sind. Diese Thatsache ist interessant, da sie ein neues Argument zu Gunsten der Annahme beibringt, dass die verschiedenen Rassen von einer einzigen Stammform ausgegangen sind, welche vor der Zeit, in welcher die Rassen von einander abzuweichen begannen, beinahe vollständig menschlich in ihrem Baue und in hohem Grade so in ihrer geistigen Entwickelung gewesen sein muss.«[*]

Wir sollten uns darüber im Klaren sein, was mit dem universellen Ausdruck von Gefühlen gemeint ist. Schnecken zu essen oder ein Stück Cheddar mag in der einen Kultur Anlass zu Genuss geben, in einer anderen Abscheu hervorrufen. Abscheu aber wird, ganz unabhängig vom Auslöser, universell auf dieselbe Weise ausgedrückt. Mit Darwins Worten: »Der Mund wird weit geöffnet, die Oberlippe stark zurückgezogen, welches die Seiten der

[*] ebd.

Nase in starke Falten bringt.«* Gesichtsausdruck und Physiologie sind Produkte der Evolution. Gefühle aber werden natürlich von der Kultur geprägt. Unsere Art, mit Gefühlen umzugehen, unsere Einstellung dazu, die Art, wie wir sie beschreiben, all das ist angeeignet und unterscheidet sich von Kultur zu Kultur. Dennoch, die Vorstellung von einem gemeinsamen Reservoir an Gefühlen basiert auf der von einer universellen menschlichen Natur, bis vor kurzem und während eines Großteils des zwanzigsten Jahrhunderts ein verpönter Gedanke. Darwins Buch fiel nach seinem Tod für lange Zeit in Ungnade. Heute hat sich das vorherrschende Meinungsklima geändert, und Ekmans hervorragende, enthusiastisch begrüßte Neuausgabe war ein großes Publikationsereignis.

Inzwischen sollte deutlich geworden sein, dass für mich die Art und Weise, wie Phantasie und Einfallsreichtum in der Literatur zum Ausdruck kommen, Darwins Ansichten untermauern. Es wäre unmöglich, Literatur aus uns fernen Zeiten oder aus einer grundsätzlich anderen Kultur zu lesen, teilten wir mit dem Schriftsteller nicht ein gemeinsames emotionales Terrain, ein großes Reservoir von Annahmen. Ein Glossar, das historische Zu-

* ebd.

sammenhänge verdeutlicht, örtliche Bräuche oder sprachliche Besonderheiten erklärt, ist stets willkommen, für die Lektüre grundsätzlich aber niemals vonnöten. Was wir miteinander gemein haben, ist auf gewisse Weise ebenso außerordentlich wie all unsere exotischen Differenzen.

Ich habe zuvor das Regionale und das Universelle die Polaritäten der Literatur genannt. Man könnte Literatur nun als etwas begreifen, dem sowohl unser kulturelles wie auch unser genetisches Erbe eingeschrieben ist. Jedes der beiden Elemente, Gene wie Kultur, hat eine reziprok formende Wirkung, denn als Primaten sind wir zutiefst soziale Geschöpfe; und unsere soziale Umgebung hat mit der Zeit einen mächtigen, adaptiven Druck auf uns ausgeübt. Die Koevolution von Genen und Kultur, wie sie unter anderem von E. O. Wilson dargestellt wurde, hebt den Gegensatz zwischen Anlage und Umwelt auf. Liest man Berichte über die systematischen, nicht-intrusiven Beobachtungen von Bonobos – sie und der gemeine Schimpanse sind unsere engsten Verwandten, nicht Darwins Paviane –, kann man sehen, wie sie sämtliche großen Themen des englischen Romans des neunzehnten Jahrhunderts ausagieren: Bündnisse werden geschlossen und gebrochen, der eine steigt auf, ein anderer verliert an Macht, Pläne werden ausgeheckt, man findet Rache, Dankbarkeit, verletzten Stolz, erfolgreiches wie erfolgloses Werben und Trauer und Verlust. Gut fünf Millionen Jahre trennen uns und die Bonobos vom gemeinsamen Vorfahren – und wenn man bedenkt, dass sich ein Großteil des Geschehens letztlich um Sex dreht (damit meine ich die Bonobos *und* den Roman des neunzehnten Jahrhunderts), ist das eine ziemlich lange Zeit für kumulativ erfolgreiche soziale Strategien, dank derer die Verteilung gewisser Gene bevorzugt wird, anderer dagegen nicht.

Dass wir eine Natur haben, dass ihre Werte uns so selbstverständlich sind, dass wir sie oft kaum noch wahrnehmen und dass unsere Natur eine andere wäre, wenn wir etwa Termiten wären – genau das versuchte E. O. Wilson zu verdeutlichen, als er sich eine hochgebildete Termitenherrscherin vorstellte, die sich mit einer Rede zur Lage der Kolonie an die termitische Masse richtet:

»Seit unsere makrotermitischen Vorfahren während ihrer rapiden Evolution im späten Tertiär ein Gewicht von zehn Kilogramm und größere Gehirne erreicht und gelernt haben, in pheromonaler Schrift zu schreiben, konnte sich unsere termitische Gelehrsamkeit und damit auch unsere Moralphilosophie verfeinern.

Heute ist es uns möglich, die Imperative des moralischen Verhaltens präzise zum Ausdruck zu bringen. Sie sind offensichtlich und universell. Sie sind das eigentliche Wesen der Termitenheit. Zu diesen Imperativen gehören unsere Liebe zur Dunkelheit und zum tiefen, von Fäulnis und Basidienpilzen durchzogenen Innersten der Erde; die zentrale Bedeutung des kolonialen Lebens inmitten des Reichtums von Krieg und Handel mit anderen Kolonien; die Unverletzlichkeit unseres physiologischen Kastensystems und die Ablehnung von Persönlichkeitsrechten (die Kolonie ist ALLES); unsere tiefe Liebe zu den königlichen Nachkommen, die sich für uns vermehren; unsere Freude am chemischen Lied; das ästhetische Vergnügen und die tiefe gesellschaftliche Befriedigung, die wir beim Verspeisen der Exkremente vom Anus unserer Mitbürger nach dem Abstreifen der Haut empfinden; und das ekstatische Glück, das uns Kannibalismus und die Hingabe unseres eigenen Körpers bescheren, wenn wir krank oder verletzt sind (gesegneter denn diejenigen, die speisen, sind die, die verspeist werden).«*

* E. O. Wilson: *Die Einheit des Wissens.* Berlin, 1998. Übersetzt von Yvonne Badal

Was bedeutet, dass man – ob Saga, konkretes Gedicht, Bildungsroman oder Haiku und ganz unabhängig davon, wann und in welcher Kolonie es geschrieben wurde – termitische Literatur nach der Lektüre von nur ein, zwei Zeilen erkennen kann. Und von der termitischen literarischen Literatur ableitend, können wir nun sagen, dass unsere menschliche Literatur die menschliche Natur weniger definiert als vielmehr exemplifiziert.

Sollte es menschliche, kulturübergreifende Universalien geben, so folgt daraus, dass sie sich nicht – oder zumindest nicht ohne weiteres – verändern. Und sollten wir uns historisch doch ändern, ist es *qua definitionem* nicht die menschliche Natur, die sich ändert, sondern eine Eigenart, die für uns über eine gewisse Zeit und unter gewissen Umständen typisch war. Dennoch gibt es Schriftsteller, die ihre Ansichten mit der Annahme untermauern, die menschliche Natur sei fragil und plötzlichen Evolutionssprüngen ausgesetzt, faszinierenden revolutionären Verbesserungen etwa oder bedauernswerten Verschlechterungen. Den Augenblick dieser Veränderungen genau bestimmen zu wollen ist seit jeher ein verlockendes intellektuelles Unterfangen. Hinsichtlich der Genauigkeit hat meines Wissens in dieser Hinsicht niemand Virginia Woolf übertroffen, auch wenn sie, was das exakte Datum betrifft, sich eine gewisse ironische Unschärfe gestattete: »Im oder um den Dezember 1910«, schrieb sie in ihrem Essay *Character in Fiction,* »hat sich der menschliche Charakter geändert.« Woolf interessierte sich natürlich besonders für die große Kluft, die ihrer Meinung nach die eigene Generation von der ihrer Eltern trennte. Die nachstehende berühmte Anekdote könnte erfunden sein, auch wenn man sich wünscht, sie wäre es nicht. Ihr zufolge betritt Lytton Strachey 1908 einen Salon, trifft Virginia dort mit ihrer Schwester an, deutet auf einen Fleck auf Vanessas Kleid und fragt: »Samen?« – »Mit diesem einen Wort«, schrieb Virginia, »waren für immerdar alle Barrieren des Schweigens und der Zurückhaltung gefallen.« Das neunzehnte Jahrhundert ging mit diesem Wort offiziell zu Ende. Die Welt würde nie wieder so sein wie zuvor.

Ich erinnere mich an ähnlich apokalyptische, in den Sechzigern und frühen Siebzigern geäußerte Behauptungen meiner Generation. 1967 habe sich die menschliche Natur, hieß es damals, auf einem Feld bei Woodstock grundlegend verändert oder im selben Jahr bei Erscheinen von *Sergeant Pepper* oder im Jahr zuvor auf einer gewissen, eigentlich nicht weiter bemerkenswerten Straße in San Francisco. Das Zeitalter des Wassermanns war angebrochen; nichts würde mehr so sein wie zuvor.

Weniger leichtsinnig als Virginia Woolf, doch gleichermaßen entschieden gab sich T. S. Eliot in seinem Essay *Die metaphysische Dichtung*. Er stellte fest, dass es im siebzehnten Jahrhundert zu »einer Dissoziation der Sensibilität« gekommen sei, von der wir uns nie wieder erholt hätten. Er redete natürlich von den englischen Dichtern, die über einen »Mechanismus der Sensibilität verfügten, dank dessen sie sich jede Art von Erfahrung anzueignen vermochten«, doch können wir, denke ich, wohl annehmen, dass er keineswegs der Ansicht war, dass Dichter sich biologisch von anderen Menschen unterscheiden. Seine Theorie, die, wie er zugab, gewiss zu kurz gefasst sei, um überzeugen zu können, drückte sowohl sein Bedauern (diese Dissoziation war nichts Gutes) wie auch seine Hoffnung aus (die modernen Dichter könnten laut seinen Vorgaben die moderne Sensibilität neu definieren und jene Dissoziation damit rückgängig machen).

Jacob Burkhardt definierte in *Die Cultur der Renaissance in Italien* den seiner Meinung nach entscheidenden Moment und erkannte ein Erblühen nicht bloß der menschlichen Natur, sondern auch des Bewusstseins selbst:

»Im Mittelalter lagen die beiden Seiten des Bewusstseins – nach der Welt hin und nach dem Innern des Menschen selbst – wie unter einem gemeinsamen Schleier träumend oder halb wach. Der Mensch erkannte sich nur als Race, Volk, Partei, Corporation, Familie oder sonst in irgendeiner Form des Allgemeinen ... Mit Ausgang des XIII. Jahrhunderts aber beginnt Italien plötzlich von Persönlichkeit zu wimmeln; der Bann, welcher auf dem Individualismus gelegen, ist hier völlig gebrochen.«[*]

Der französische Historiker Philippe Ariès meinte, im achtzehnten Jahrhundert eine radikale Veränderung in den menschlichen Emotionen auszumachen, da Eltern begännen, eine noch verhaltene Liebe für ihre Kinder zu empfinden. Bis dahin habe man in Kindern kaum mehr als kleine, unfähige Erwachsene gesehen, die gewiss bald von irgendeiner Krankheit dahingerafft werden würden, weshalb es nicht lohne, allzu viel Gefühl in sie zu investieren. Tausende mittelalterlicher Grabsteine mit ihren herzzerreißenden, verstorbenen Kindern gewidmeten Inschriften hätten die Grabstätte für diese Theorie bedeuten können, doch verrät Ariès' Werk

[*] Jacob Burkhardt: *Die Cultur der Renaissance in Italien.* Basel, 1860

noch ein zweites oder paralleles Bestreben, nämlich einen definitiven Moment der Veränderung in der menschlichen Natur zu bestimmen, also die Absicht, die Wurzeln unserer Modernität zu lokalisieren. Die Frage, in welchem Augenblick, unter welchen Umständen wir erkennbar zu denen wurden, die wir heute sind, ist eine mehr oder minder zentrale Aufgabe des Projektes intellektueller Geschichte. Einige der Meilensteine dürften bekannt sein: die Erfindung des Ackerbaus vor gut 10 000 Jahren; oder, damit zusammenhängend, die Vertreibung aus dem Garten Eden. Oder die Niederschrift von *Hamlet*, einem Theaterstück, das uns einen so gequälten, gelangweilten, entscheidungslosen und ganz allgemein von der Tatsache der eigenen Existenz so verstörten Menschen zeigt, dass wir uns ihm öffnen und keinen Vorläufer in der Literatur finden. Wir könnten in den Anfängen der wissenschaftlichen Revolution des siebzehnten Jahrhunderts den Beginn des modernen Geistes sehen; in den Auswirkungen der landwirtschaftlichen oder industriellen Revolution, die die Massen in die Städte spülte und damit den Massenkonsum möglich machte, die großen politischen Parteien, die Massenkommunikation; wir könnten Franz Kafka als Ausgangspunkt nehmen, seine so kunstvolle oder absichtlich dissoziative Sensibilität, oder auch die Erfindung der Schrift selbst vor nur wenigen tausend Jahren, die einen exponentiellen Anstieg in der Verbreitung von Kultur nach sich zog; die Veröffentlichung von Einsteins *Spezieller und Allgemeiner Relativitätstheorie;* die Erstaufführung von Strawinskys *Le Sacre du Printemps;* das Erscheinen von Joyces *Ulysses* oder den Abwurf einer Atombombe auf Hiroshima, wonach wir, ob wir nun wollten oder nicht, die Verantwortung für den gesamten Planeten übernehmen mussten. Manche entscheiden sich für die Erstürmung des Winterpalastes, wobei ich selbst die radikal schlichte, im Plauderton nachdenkliche, frühe Lyrik von Wordsworth bevorzuge und letztlich damit auch die englische oder französische Aufklärung oder die Allgemeine Erklärung der Menschenrechte.

Die Biologie geht dagegen von langen Zeiträumen aus und ist folglich weniger spektakulär, in meinen Augen aber kaum weniger interessant: Sie spricht nicht von einem Moment, sondern von einer unermesslichen Spanne unwiderruflich verflossener Zeit, deren einzige Spuren eine Handvoll Knochen und einige steinerne Artefakte sind, die all unsere interpretativen Fähigkeiten erfordern. Während der Neokortex sich in dem erstaunlichen Tempo von einem zusätzlichen Teelöffel grauer Hirnmasse alle hunderttausend Jahre entwickelte, erfanden die Hominiden Werkzeuge, lernten sprechen, wurden sich der eigenen und der Existenz anderer Menschen bewusst sowie ihrer Sterblichkeit, begannen, an ein Jenseits zu glauben, und beerdigten folglich ihre Toten. Vermutlich zählten die vor 30 000 Jahren ausgestorbenen Neandertaler zu den ersten modernen Menschen, nur waren sie noch nicht modern genug, das Tempo der Evolution auch zu überleben.

Man könnte nun behaupten, dass mit diesen Berichten das weltliche Äquivalent eines Schöpfungsmythos angestrebt wird. Schriftsteller scheinen den explosiven, den entscheidenden Moment, das Wunder der Geburt dem langweiligen Kontinuum unendlich kleiner Veränderungen vorzuziehen. Fast die gesamte Zeitspanne der Kultur kommt in Betracht, wenn wir fragen: Wer ist der Älteste, wer der moderne Ur-Mensch: die mitochondriale Eva oder Alan Turing?

Unser Interesse an den Wurzeln der Moderne ist nicht allein Folge eines immer rasanteren sozialen Wandels: Der Idee des definitiven Augenblicks, des Bruchs mit der Vergangenheit, liegt die Vorstellung zugrunde, die menschliche Natur sei ein spezifisches historisches Produkt, geprägt von diversen Werten, von den Umständen des Aufwachsens in einer bestimmten Zivilisation – mit anderen Worten, dass es überhaupt keine menschliche Natur gibt, die über das hinausginge, was sich zu einer bestimmten Zeit in einer bestimmten Kultur entwickelt. Dieser Auffassung zufolge ist unser Geist gleichsam eine multifunktionale, unendlich anpassungsfähige Rechenmaschine, die dank einer Handvoll vorinstallierter Regeln funktioniert. Wir werden *tabula rasa* geboren; und es ist unsere Zeit, die uns prägt.

Diese manchen als Standardmodell der Sozialwissenschaften, anderen als Umweltdeterminismus bekannte Ansicht war tonangebend im zwanzigsten Jahrhundert, insbesondere in dessen erster Hälfte, und sie ging auf die Verhaltenspsychologie zurück, aber auch auf die Anthropologie, vor allem auf das Werk von Margaret Mead und deren Schülern. In ihrem 1935 veröffentlichten Buch *Jugend und Sexualität in primitiven Gesellschaften* schrieb sie: »Wir kommen folglich zu dem Schluss, dass die menschliche Natur unglaublich formbar ist und so präzise wie kontrastierend auf kulturelle Bedingungen reagiert.« Diese Ansicht fand in allen Sozialwissenschaften Anklang und verhärtete sich in den Nachkriegsjahren zu einem Dogma mit offenkundig politischen Dimensionen. Es gab eine Zeit, da jeder, der mit einem Verweis auf eine biologische Dimension der Existenz Zweifel an dieser

Auffassung vorbrachte, den akademischen und sogar gesellschaftlichen Paria-Status riskiert hätte. Wie christliche Theologen befreiten uns die kulturellen Relativisten von allen biologischen Fesseln, indem sie behaupteten, dass der Mensch sich grundsätzlich von allen anderen Lebensformen auf der Erde unterscheide. Und dieser Ansicht zufolge bewegten sich jene Wissenschaftler, die ein bevorzugtes Datum für die Veränderung der menschlichen Natur ausmachten, epistemologisch gesehen auf sicherem Grund – wir sind, was die Welt aus uns macht, und wenn die Welt sich drastisch ändert, dann ändern auch wir uns in unserem Innersten. All das geschah, wie Virginia Woolf festhielt, »im oder um den Dezember 1910«.

Der berühmte Verhaltenspsychologe John Watson, Professor für Psychologie an der John Hopkins Universität, veröffentlichte 1928 ein einflussreiches Buch über Kindererziehung. Wie Christina Hardyment in ihrem wundervollen Buch *Dream Babies* zeigte, gewährt kaum etwas einen so guten Einblick in das kollektive Denken einer Gesellschaft und ihre Auffassungen über die menschliche Natur wie die Bücher über Kindererziehung, die diese Gesellschaft hervorbringt. Watson schrieb:

»Man überlasse mir ein Dutzend gesunder, wohlgeformter Kinder und eine nach meinen Vorgaben gestaltete Welt, um sie aufzuziehen; und ich garantiere, ich könnte jedes beliebige Kind nehmen und es zu einem Spezialisten meiner Wahl heranziehen, ob Arzt, Anwalt, Geschäftsmann oder ja, auch Bettler oder Dieb, ganz unabhängig von den Begabungen des Kindes, seinen Neigungen, Vorlieben, Fähigkeiten, Talenten und seiner Herkunft.«

Die menschliche Natur war Wachs in seinen Händen. Mir drängt sich allerdings die Vermutung auf, dass der folgende Abschnitt aus Watsons Kindererziehungsbuch *The Psychological Care of Young Infants* nicht nur eine gewisse unfreiwillige Komik enthält, sondern auch auf ein Jahrhundert tragischer sozialer Experimente zur Umformung der menschlichen Natur verweist und uns zudem eine entstellte Wissenschaft zeigt, der es an Beweisen für ihre Behauptungen mangelt – eine Wissenschaft, die mindestens so grotesk ist wie jene Pseudowissenschaft, die Darwins Arbeit zu Theorien rassischer Überlegenheit pervertierte:

»Am vernünftigsten erzieht man Kinder, indem man sie wie junge Erwachsene behandelt.

Man kleide sie und bade sie sorgsam und umsichtig. Unser Verhalten sollte stets objektiv und freundlich, doch bestimmt sein. Niemals sollte man ein Kind umarmen oder küssen. Man lasse es auch nicht auf seinem Schoß sitzen. Falls unvermeidlich, küsse man es einmal auf die Stirn beim Gutenachtsagen. Am Morgen gebe man ihnen die Hand. Man tätschele ihm den Kopf, wenn es eine schwierige Aufgabe gut gelöst hat ... Man lasse das Kind einen Großteil des Tages im Hof verbringen ... Man mache das von Geburt an ... Man lasse es von Anfang an lernen, Schwierigkeiten ohne einen überwachenden Blick zu meistern. Ist man zu zartbesaitet und will das Kind unbedingt im Auge behalten, bastle man sich ein Guckloch oder benutze ein Periskop, um so sehen zu können, ohne gesehen zu werden.«

Watsons Buch war zu seiner Zeit über die Maßen erfolgreich und wurde von der *Atlantic Monthly* als »ein Gottesgeschenk für alle Eltern« begrüßt.

Mead und Watson, die prominenteren Vertreter jener vielen, die an die nahezu unendliche Formbarkeit der menschlichen Natur glaubten, fanden mit ihren Ideen nicht nur in der Öffentlichkeit Anklang, sondern auch bei den Universitäten, an denen ihre Schüler noch heute in den unterschiedlichsten Positionen unterrichten. Niemand sollte allerdings glauben, dass hinter dem Standardmodell keine guten Absichten steckten. Gerade das Werk von Margaret Mead, verfasst zu einer Zeit, als die europäischen Reiche noch nicht zu zerfallen begannen, prägt eine zutiefst antirassistische Haltung, und die Autorin wandte sich entschlossen gegen alle herablassenden Ansichten, die primitive Gesellschaften für unterlegen hielten. Jede Kultur, darauf beharrte sie, müsse unter ihren ureigenen Bedingungen beurteilt werden. In den rührigsten Zeiten von Mead und Watson knüpfte man noch große Hoffnungen an die sowjetische Revolution. Wenn wir durch Lernen werden, was wir sind, lassen sich Ungleichheiten durch ein gemeinsames Umfeld ausmerzen. Man bringe den Eltern die richtigen Erziehungsmethoden bei, und es entstehen neue Generationen besserer Menschen. Wer die Gesellschaftspolitik bestimmt, könnte auf diese Weise die menschliche Natur fundamental formen. Wir wären perfektionierbar, und das Unrecht und die Ungleichheiten der Vergangenheit ließen sich durch radikale Änderungen des gesellschaftlichen Umfeldes berichtigen. Die Grausamkeiten und Absurditäten des sozialen Darwinismus sowie der Eugenik und später die Bedrohungen durch die Sozialpolitik Hitlerdeutschlands riefen einen Widerwillen gegen die biologische Perspektive hervor, der half, den Glauben an eine sozial determinierte Natur zu festigen, die sich für uns alle zum Besseren umgestalten lässt.

Das Dritte Reich wirft in den Jahrzehnten nach dem Zweiten Weltkrieg fürwahr einen langen Schatten auf die freie wissenschaftliche Forschung. Diverse Sparten der Psychologie waren befangen von intellektueller Angst und schreckten aufgrund der jüngsten Geschichte davor zurück, den menschlichen Geist als ein biologisches Produkt adaptiver Kräfte zu sehen, obwohl in den benachbarten Fachbereichen der Biologie der Darwinismus seit dem neunzehnten Jahrhundert mit der Mendelschen Vererbungslehre und der Molekularbiologie Hand in Hand arbeiteten, um jene mächtige Allianz zu formen, die als Moderne Synthese bekannt werden sollte.

In den späten fünfziger Jahren machte sich der junge Paul Ekman, der zu diesem Thema keinerlei vorgefertigte Ansichten hegte, mit Porträtfotos junger Amerikaner, die diverse Emotionen zeigten – Überraschung, Angst, Ekel, Freude etc. – auf den Weg nach Neuguinea. Er entdeckte, dass seine Testgruppe ausgewählter Steinzeitbergbewohner, die keinen oder doch nahezu keinen Kontakt zur modernen Welt gehabt hatte, den verschiedenen Gesichtsausdrücken ohne weiteres entsprechende Geschichten zuordnen konnte. Und zu den Geschichten, die er selbst erzählte, zogen sie die entsprechenden Mienen – etwa, du findest ein Schwein, das schon seit einigen Tagen tot ist ... Seine Untersuchungen sowie die späteren, klug konzipierten Experimente mit Japanern und Amerikanern, die auch die unterschiedlichen Ausdrucksregeln der verschiedenen Kulturen in Rechnung stellten, waren ein deutlicher Beweis für Darwins Thesen. Ekman schrieb:

»Soziale Erfahrungen beeinflussen unsere Einstellung zu Emotionen, prägen Mimik und Gefühlsbedingungen, und sie erzeugen und verfeinern die jeweiligen Gelegenheiten, die am ehesten ein Gefühl provozieren. Die Zurschaustellung von Gefühlen, die spezifische Konfiguration der Muskelbewegungen, scheint jedoch festgelegt zu sein und ermöglicht dadurch ein Verstehen über Generationen und Kulturen hinweg, aber auch innerhalb der Kulturen zwischen Fremden und Einheimischen.«*

* Aus einem Kommentar von Paul Ekman anlässlich der englischen Neuherausgabe von: *Der Ausdruck der Gemüthsbewegungen bei dem Menschen und den Thieren*

Ehe er nach Neuguinea fuhr, besuchte er Margaret Mead. Sie war der festen Überzeugung, dass das Mienenspiel sich von Gesellschaft zu Gesellschaft so deutlich unterschied wie die jeweiligen Bräuche und Wertvorstellungen. Ekmans Forschungen stand sie daher eher reserviert gegenüber. Und doch erklärte sie gegen Ende ihres Lebens – in ihrer Autobiographie von 1972 –, sie und ihre Kollegen hätten sich aus Sorge um mögliche politische Konsequenzen vor der Überlegung gescheut, unser Verhalten könne eine biologische Grundlage haben. Seltsam, diese Umkehr der historischen Bedingungen: Mead, die fürchtet, eine Universalität des emotionalen Ausdrucks könnte den Rassismus stärken, wohingegen solcherlei Überlegungen Darwin zufolge doch die fadenscheinige Theoriebasis des Rassismus erschütterten.

Mead und ihre Generation von Anthropologen, die mit Notizbüchern, Geschenken und ehrbaren Absichten in eine steinzeitliche Siedlung kamen, hatten, wenn sie ihre Probanden lächelnd begrüßten, nicht recht begriffen (Darwin hätte es ihnen erzählen können, ebenso die meisten Schriftsteller), welch großer Fundus gemeinsamer Menschlichkeit und geteilter Annahmen Voraussetzung dafür war, dass sie ihrer Arbeit nachgehen konnten. Kaum waren die letzten dieser einmaligen Kulturen verschwunden, wurden die gesammelten Daten neu gesichtet. Donald Brown stellte in seinem Buch *Human Universals* eine Liste dessen zusammen, was menschlichen Individuen und Gesellschaften gemein ist, eine zugleich lange und – angesichts der nahezu unendlichen Anzahl möglicher Verhaltensmuster – sehr spezifische Liste. Bei der Lektüre lohnt es sich, an Wilsons Termitenherrscherin zu denken. Brown führt – ich wähle willkürlich aus – das Herstellen von Werkzeugen an; vorherrschende Rechtshändigkeit; bestimmte Kindheitsängste; das Wissen darum, dass auch andere Menschen ein Innenleben haben; Handel; Geschenkeaustausch; ein Begriff von Gerechtigkeit; die Bedeutung von Klatsch; Gastfreundschaft; Hierarchien etc. Interessant an Browns Charakterisierung derer, die er *Universal People* nennt und die alle typischen Merkmale der Menschheit teilen, ist die Anzahl von Seiten, die er der Sprache vorbehält, mit wiederum sehr spezifischen Beispielen. So nutzt die Sprache der *Universal People* zum Beispiel die unterschiedlichen Vokale und differenziert zwischen den betonten und unbetonten Silben. Sie ist symbolisch und enthält konstant Substantive, Verben und Possessivpronomen. Außergewöhnliche Sprachfertigkeit ist immer mit Prestige verbunden. Auf einer höheren Ebene geistiger Tätigkeit hält dies die menschliche Gemeinschaft fraglos zusammen. Wir wissen heute, dass keine Allzweckmaschine mit großem Speicherplatz eine Sprache so rasch und mühelos lernen könnte wie ein Kind. Ein Dreijähriger löst jeden Tag Dutzende inkorrekt gestellter Aufgaben. Der Sprachinstinkt ist ein wesentlicher Teil unserer Natur.

Auf unserem übervölkerten Planeten gibt es keine von der Moderne unberührten Steinzeitvölker mehr. Die Frage – Was haben wir mit solchen Völkern gemein? – hätten Mead und ihre Zeitgenossen nie stellen wollen, und heutigen Anthropologen bietet sich keine Möglichkeit mehr zu einem Erstkontakt. Doch wir können zu den Büchern auf unseren Regalen greifen. Literatur muss unsere Anthropologie sein. Lesen wir im Folgenden die – zweitausendsiebenhundert Jahre alte – Beschreibung einer Frau, die länger als zwei Jahrzehnte auf die Heimkehr ihres Mannes gewartet hat. Gerade wurde ihr mitgeteilt, dass er endlich gekommen sei, weshalb sie nach unten gehen und ihn begrüßen will. Doch, fragt sie sich, ist er es tatsächlich?

»Also sprach sie und stieg hinab. Der Gehenden Herz schlug,
Zweifelnd, ob sie den lieben Gemahl von ferne befragte,

44

Oder entgegen ihm flög und Händ' und
  Antlitz ihm küßte.
Als sie nun über die Schwelle von glattem
  Marmor hineintrat,
Setzte sie fern an der Wand, im Glanze des
  Feuers, Odysseus
Gegenüber, sich hin. An einer ragenden Säule
Saß er, die Augen gesenkt, und wartete, was
  sie ihm sagen
Würde, die edle Gemahlin, da sie ihn selber
  erblickte.
Lange saß sie schweigend: ihr Herz war
  voller Erstaunens.
Jetzo glaubte sie schon sein Angesicht zu
  erkennen,
Jetzo verkannte sie ihn in seiner ärmlichen
  Kleidung.«*

Sich immer noch unsicher, teilt Penelope Odysseus
mit, dass sie in getrennten Zimmern schlafen werden, und sie befiehlt, das Ehebett aus dem Schlafzimmer zu entfernen. Nur weiß Odysseus natürlich, dass das Bett nicht verrückt werden kann – er
hat es selbst gezimmert, woran er Penelope erin-

* Übersetzung von Johan Heinrich Voß. Goldmann Verlag, ohne
  Angabe von Jahr oder Ort

nert. So widerlegt er alle Zweifel und beweist, dass er tatsächlich ihr Gatte ist, allerdings ärgert er sich seinerseits nun darüber, dass sie ihn für einen Betrüger hielt, und schon droht ein Ehekrach. Penelope aber

>... erzitterten Herz und Knie,
Als sie die Zeichen erkannte, die ihr
    Odysseus verkündet:
Weinend lief sie hinzu, und fiel mit offenen
    Armen
Ihrem Gemahl um den Hals, und küßte sein
    Antlitz und sagte:

›Sei mir nicht bös, Odysseus! Du warst ja
    immer ein guter
Und verständiger Mann! Die Götter gaben
    uns Elend;
Denn zu groß war das Glück, dass wir
    beisammen in Eintracht
Unserer Jugend genössen und sanft dem
    Alter uns nahten!
Aber du mußt mir jetzo nicht darum zürnen
    noch gram sein,
Dass ich, Geliebter, dich nicht beim ersten
    Blicke bewillkommt!

Siehe, mein armes Herz war immer in Sorge,
es möchte
Irgendein Sterblicher kommen und mich mit
täuschenden Worten
Hintergehn; es gibt ja so viele schlimme
Betrüger!‹«

Die Gepflogenheiten mögen sich ändern – tote Freier liegen im Saal, ohne dass eine Mordanklage droht –, doch erkennen wir das Menschliche in diesen Zeilen. Im Emotionalen und in der Mimik bleiben wir, was wir sind. Wie Darwin am Schluss von *Der Ausdruck der Gemüthsbewegungen bei dem Menschen und den Thieren* schreibt: »Die Sprache der Gefühle ist für das Wohlergehen der Menschheit gewiss von Bedeutung.« Im Falle Homers weiten wir Ekmans »Verstehen über Generationen hinweg« auf mindestens hundertdreißig Generationen aus.

Das Konsortium zur Entschlüsselung des menschlichen Genoms, das *Human Genome Sequencing Consortium,* schloss kürzlich einen Bericht in der Zeitschrift *Nature* mit den Worten: »So ist es unserer Aufmerksamkeit nicht entgangen, dass es, je mehr wir über das menschliche Gen erfahren, desto mehr auch zu erforschen gibt.« Dieses respektvolle Echo über die Zeit hinweg wird jenen gefallen, denen die literarische Moderne gefällt. Doch wäre es, da man das menschliche Gen entschlüsselt, nicht vernünftig, sich zu fragen, um welches Gen es sich eigentlich handelt? Welcher glückliche Mensch wurde erwählt, uns alle zu repräsentieren? Wer ist dieser Universalmensch? Die Antwort lautet: Die Gene von fünfzehn verschiedenen Menschen wurden zu eben jener einen, plausiblen, imaginären Person zusammengesetzt, die sich auch ein Schriftsteller hätte erträumen können, und ich überlasse Sie nun der Betrachtung dieses metaphorischen Zusammentreffens zweier nobler, doch klar unterschiedener Formen der Untersuchung der menschlichen Conditio: Wissenschaft und Literatur. Was uns verbindet, unsere menschliche Natur, dem hat die Literatur stets so hilflos wie wissentlich eine Stimme verliehen. Und ebendiese Universalität wollen die biologischen Wissenschaften, für die gerade eine neue aufregende Phase beginnt, weiterhin erforschen.

Hilary Lecture, Oxford, 2003

The Originality of the Species
oder: Wer ist der Erste?

In seinem Landhaus in Downe, Kent, erhielt Charles Darwin im Juni 1858 ein schmales Päckchen aus Ternate, einer entlegenen Insel der niederländischen Ostindien-Kompanie. Vermutlich hat er auf Anhieb die Handschrift von Alfred Wallace erkannt, mit dem er im Briefwechsel stand und von dem er einige botanische Proben zu erhalten hoffte, doch zusammen mit einem Begleitbrief fand Darwin in dem Päckchen stattdessen einen kurzen Essay. Und dieser Essay sollte sein Leben verändern.

Dem Leser des Essays kam es an diesem folgenreichen Morgen so vor, als beschriebe Wallace auf zwanzig Seiten alle grundlegenden Ideen zur Evolution durch natürliche Selektion, an denen Darwin seit mehr als zwei Jahrzehnten arbeitete. Darwin hatte geglaubt, als Einziger über dieses Wissen zu verfügen – und noch nichts davon veröffentlicht. Wallace, der allein arbeitete, kaum Geld besaß und ebenso wenig Unterstützung, berief sich auf seine ausgedehnte Kenntnis der Naturgeschichte, die er sich beim Erstellen von Proben für Sammler angeeignet hatte. Kurz und prägnant führte er die einzelnen Elemente wie auch die Darwin so vertrauten Quellen an: künstliche Selektion, der Kampf ums Überleben, Konkurrenzkampf und Untergang, die Art, wie einzelne Spezies ihre Gestalt durch einen unpersönlichen, aber beschreibbaren Prozess änderten und dies zufolge einer Logik, die keines göttlichen Einschreitens bedurfte. Wie Darwin war Wallace von Charles Lyells geologischen Überlegungen und den Populationstheorien von Thomas Malthus beeinflusst worden.

Im Begleitbrief bat er Darwin, den Essay an Lyell weiterzuschicken. Darwin hätte nun dieses Päckchen klammheimlich verschwinden lassen können, und niemand hätte je davon erfahren – es war Monate unterwegs gewesen, und die Post zwischen dem holländischen Ostindien dürfte Mitte des neunzehnten Jahrhunderts wohl kaum besonders zuverlässig gewesen sein. Doch Darwin war ein hochanständiger Mann, und er wusste, er würde nicht damit leben können, wenn er sich jetzt auf eine derart niederträchtige Weise verhielt. Und doch geriet er in helle Not. In seinem Brief an Lyell, den er noch am selben Tag mit Wallaces Essay verschickte, klagte er: »Und somit ist all meine

Hoffnung auf Originalität und alleinige Urheberschaft zunichte.« Ihn überraschte selbst, dass ihm dieser Wunsch, der Erste sein zu wollen, dieser Aufruhr der Gefühle derart zu schaffen machte. Janet Browne notierte in ihrer Biographie über Darwin, die Erregung über seine Entdeckungen sei einer profunden Angst hinsichtlich Besitz und Eigentümerschaft gewichen. Er fand sich von niederen Empfindungen geradezu überwältigt – Demütigung, Ärger und Verbitterung. Er schrieb, eine oft zitierte Bemerkung, er sei »voll abgeschmackter Gefühle«.

Weil er seine Arbeit perfektionieren, Beispiele sammeln und sie gegen jede Widerlegung möglichst gefeit machen wollte, hatte er die Veröffentlichung immer wieder hinausgezögert. Und natürlich wusste er, welche theologischen Implikationen sein Werk haben würde – gerade das machte ihn ja so vorsichtig. Und nun kam ihm jemand zuvor. An diesem Tag entschied er, dass er Wallace die Urheberschaft einräumen musste. Er habe, so schrieb er wortwörtlich, sich mit seinem Schicksal abzufinden.

Nur einen Tag später hatte er allerdings noch drängendere Sorgen. Seine fünfzehnjährige Tochter Henrietta war erkrankt, und man fürchtete, sie leide an Diphterie. Tags darauf bekam auch Charles' und Emmas zehntes und letztes Kind Fieber. Lyell drängte Darwin, nichts voreilig einzugestehen und einen »Abriss« zu veröffentlichen, der unwiderlegbar Darwins Priorität gegenüber Wallace belege.

Während Darwin sich um das kranke Baby kümmerte, sah er sich außerstande, irgendetwas zu entscheiden, und überließ die Angelegenheit seinem engen Freund Joseph Hooker und Lyell. Man beriet sich und kam zu dem Schluss, dass Darwins »Abriss« zusammen mit Wallaces Essay bei einem Treffen der Linné-Gesellschaft laut vorgelesen werden solle. Schnelligkeit war entscheidend. Vielleicht hatte Wallace seinen Aufsatz bereits an eine Zeitschrift geschickt, dann wäre es um Darwins Priorität geschehen, zumindest aber wäre sie gefährdet. Es blieb keine Zeit, Wallace um Zustimmung für das Verlesen seines Essays zu bitten.

Noch ehe Darwin diesen Vorschlag in Betracht ziehen konnte, starb das Baby. Trotz seines Kummers verfertigte Darwin hastig eine Zusammenstellung, die Hooker veröffentlichen sollte. Eine Reihe 1844 gemachter Notizen würde, wenn auch inhaltlich überholt, eindeutig seine Priorität belegen, da sie von Hooker mit Bleistift eingetragene Anmerkungen enthielt. Ein Brief an Asa Grey, Professor für Botanik an der Harvard-University, aus dem Jahre 1857 beschrieb präzise Darwins Gedanken zur Evolution durch natürliche Selektion.

Lyell, Hooker und Darwin waren angesehene Vertreter der exklusiven Welt viktorianisch großstädtischer Wissenschaft. Wallace galt dagegen als Außenseiter. Er entstammte bescheideneren Verhältnissen, und falls man ihn überhaupt kannte, dann als Lieferanten von Material für die Gentlemen-Experten. In der Linné-Gesellschaft war es Usus, Beiträge in alphabetischer Reihenfolge vorzutragen. Und so wurden in Darwins Abwesenheit – er und Emma begruben an diesem Tag ihr Baby – erst die Notizen aus dem Jahr 1844 verlesen, auf die Darwins detaillierter Brief von 1857 folgte; danach dann wurde, gleichsam als Anhang, auch Wallaces Essay von 1858 zu Gehör gebracht.

Darwin hatte über viele Jahre weit gründlicher geforscht und verdiente zweifellos die Priorität. Wallace fiel es schwer, die Implikationen der natürlichen Selektionen zu durchdenken, und er erkannte in späteren Jahren auch nur widerwillig an, dass Menschen ebenfalls evolutionären Veränderungen unterworfen waren. Entscheidend aber ist, wie gekränkt sich Darwin fühlte, als er den Anspruch, Erster zu sein, zu verlieren drohte. Später schrieb er an Hooker: »Ich habe es stets für durchaus möglich gehalten, dass mir jemand zuvorkommen könnte, doch hatte ich mir immer eingebildet, so großmütig zu sein, dass mir das nichts ausmachen würde.«

Hooker begann, seinen Freund zu drängen, eine angemessen wissenschaftliche Arbeit über natürliche Selektion zu verfassen. Darwin protestierte. Er müsse alle Fakten ausarbeiten, und dafür fände sich in einem bloßen Aufsatz nicht genügend Platz. Hooker aber ließ nicht locker, und so begann Darwin jenen Essay, der bald unter dem Titel *Über die Entstehung der Arten* bekannt werden sollte. Laut Janet Brownes Beschreibung fegte er über Jahre angestaute Bedenken einfach hinweg. Kaum wieder daheim in Downe, setzte Darwin sich nicht an den Schreibtisch, sondern in einen Sessel, eine hölzerne Unterlage auf den Knien, und schrieb wie der Teufel. »All die Jahre des Nachdenkens«, so Browne, »kulminierten in diesen Monaten abschließender Einsichten … Und Wallace hatte dieses Feuer geschürt.«

Über die Entstehung, in dreizehn Monaten geschrieben, ist das Resultat einer enormen intellektuellen Anstrengung: ausgereifte Einsichten, umfassendes Wissen und präzise Beobachtungen, die Darbietung aller Fakten, die Erläuterung geradezu unwiderleglicher Argumente im Dienste einer profunden Kenntnis natürlicher Abläufe. Darwins Zögern, gegen Emmas religiöse Überzeugungen zu verstoßen, den theologischen Gewissheiten seiner Kollegen zu widersprechen oder sich in der unpassenden Rolle eines Bilderstürmers wiederzufinden, eines radikalen Abweichlers in der viktorianischen Gesellschaft – all diese Bedenken warf er über den Haufen, weil er fürchtete, jemand anderes könne ihm zuvorkommen und die Anerkennung für Überlegungen einheimsen, die er für die seinen hielt.

In der Kunst – in der Literatur wie auch in der Malerei oder beim Film – halten wir seit der Moderne das so unverzichtbare wie beständige Konzept der Urheberschaft für selbstverständlich. Trotz aller theoretischen Einwände bleibt es für unsere Auffassung von Qualität entscheidend und ist an die Vorstellung von etwas Neuem gebunden, an etwas, das in gottgleicher Manier aus dem Nichts geschaffen wurde. »Komplett unausgeliehen«, so Coleridge über Wordsworths Lyrik. Urheberschaft ist untrennbar mit dem machtvollen Empfinden von Individualität verknüpft, und die Grenzen dieser Individualität werden streng geschützt.

In traditionellen Gesellschaften war Konformität mit gewissen Mustern und Konventionen die Norm. Der Topf, die Schnitzerei, der exquisit gewebte Stoff, sie brauchten keine Signatur. Das moderne Artefakt trägt dagegen den Stempel der Persönlichkeit. Das Werk *ist* die Signatur. Der Einzelne besitzt seine Arbeit wahrhaftig, hält die Rechte daran und wird durch sein Werk bestimmt. Es ist Privatbesitz, unbefugtes Betreten verboten. Ein Konvolut von Gesetzen wurde rund um diese Besitzgier erlassen. Länder, die weder die Berner Übereinkunft noch andere internationale Abkommen über geistiges Eigentum gegenzeichnen, finden sich vom Mainstream globalisierter Kultur ausgeschlossen. Dem Künstler gehört das eigene Werk, und er hockt darauf mit finsterer Miene wie eine Henne auf ihren Eiern. Immer wenn ein Plagiatskandal ausbricht, erleben wir aufs Neue die Intensität dieser Fusion von Urheberschaft und Individualität.

Das Foto auf dem Schutzumschlag, wenn auch für die Lektüre eines Romans kaum von Bedeutung, besiegelt jenes Besitzverhältnis. Das hier bin ich, sagt es, und was Sie in Händen halten, gehört mir. Bin ich. Wir erleben das auch mit dem Kult der Persönlichkeit, der um Künstler betrieben wird – Individualität und Persönlichkeit inspirieren zu einer gleichsam religiösen Ergebenheit. Die Busreisen nach Grasmere, zu jenem Dorf, in dem Wordsworth einst lebte, verweisen ebenso darauf wie der um Hemingway, Picasso oder Neruda betriebene Kult – alles große Künstler, deren Leben uns manchmal stärker fasziniert als ihre Kunst.

Diese Faszination ist relativ neu. Shakespeare, Bach, Mozart, sogar Beethoven wurden zu ihrer Zeit nicht übermäßig verehrt; sie nahmen keinen herausragenden Rang in der Gesellschaft ein wie etwa ihre Mäzene oder wie Byron und Chopin oder heutzutage jeder Nobelpreisträger. Der Aufstieg des einfachen Künstlers zum säkularen Priester ist eine lange, widersprüchliche Geschichte, ein Unterkapitel in der großen Abhandlung über Individualität und Moderne. Die möglichen Gründe hierfür ergeben eine vertraute Liste – Kapitalismus, die wachsende Klasse von Müßiggängern, der Protestantismus, die Romantik, die neuen Kommunikationstechnologien, die Ausarbeitung von Patentgesetzen im Laufe der industriellen Revolution. Manches hiervon, vielleicht auch alles, hat uns an jenen Punkt gebracht, da die Identifikation des Individuums mit seinem kreativen Werk automatisch geschieht, endgültig ist und fraglos akzeptiert wird. Beide, der Schriftsteller, der heute sein Buch für einen Leser signiert, und der Leser, der wartend ansteht, um sein Buch signieren zu lassen, spielen zusammen in diesem Bund von Individualität und Kunst.

Es gibt eine antithetische Auffassung vom künstlerischen Schaffen, und obwohl sie von Künstlern wie Kritikern und Theoretikern in unterschiedlicher Form geäußert wurde, hat sie außerhalb der akademischen Welt nie Fuß fassen können. Dieser Ansicht zufolge gibt es niemanden, der frei von Geschichte wäre. Etwas geht niemals aus nichts hervor, und selbst ein Genie wird durch die Zwänge und Möglichkeiten seiner Lebensumstände geprägt. Der Künstler ist nur das Instrument, auf dem Kultur und Geschichte spielen. Unabhängig davon, ob ein Künstler mit – oder gegen – die Tradition arbeitet, er bleibt ihr hilfloses Produkt. *The Dyer's Hand* (dt. *Des Färbers Hand*), der Titel eines Essaybandes von W. H. Auden, zeigt nur einen schwachen Abglanz dieser Tendenz. Von Vorläufern entwickelte Techniken und Konventionen, seien es der Perspektivwechsel oder die erlebte Rede (das Narrativ in der dritten Person, geprägt von der subjektiven Verfassung der Figur), sind für uns so verfügbar wie vorgefertigte Werkzeuge und auch von tiefgreifender Wirkung. Kunst ist schließlich vor allem ein über Generationen hinweg gehaltenes Zwiegespräch. Bedeutungsvolle Echos, Parodie, Zitat, Rebellion, Tribut, Persiflage: Sie alle haben ihren Platz. Die Kultur, nicht das individuelle Talent, ist der beherrschende Faktor; jungen Schriftstellern wird im Creative-Writing-Unterricht gesagt, sie sollten viel lesen, da es ansonsten wahrscheinlicher sei, dass sie unbewusst durch Werke beeinflusst werden, die sie nicht kennen.

Eine solche Auffassung des kulturellen Erbes ist für die Wissenschaft natürlich günstig. Darwin musste sich mit allen möglichen Arten von evolutionären Auffassungen auseinandersetzen, einschließlich der seines Großvaters Erasmus. Er verließ sich auf die Beobachtungen von Tierzüchtern, Taubenliebhabern oder Naturhistorikern, aber auch auf das Werk von Malthus und Lyell. Einstein, gleichfalls ein großer Schöpfer, hätte seine Spezielle Relativitätstheorie ohne die Beihilfe von zahllosen anderen Wissenschaftlern, zu denen unter anderem Hendrik Lorentz und Max Planck zählten, niemals aufstellen können. Er war auf Mathematiker angewiesen, die seine Ideen bewiesen. (Newtons vielzitierte Behauptung, auf den Schultern von Riesen zu stehen, wurde vor einigen Jahren verkehrt, um den Einfluss von Vorläufern in der Wissenschaft zu illustrieren: »Falls ich nicht so weit wie andere gesehen habe, dann deshalb, weil Riesen auf meinen Schultern standen.«)

Angesichts der Mittel, die Wissenschaftlern Mitte des zwanzigsten Jahrhunderts zur Verfügung standen, so die Kristallstrukturanalyse, und angesichts der zahllosen Thesen und Vermutungen und in Anbetracht der diversen, auf diesem Feld tätigen Teams, wäre der Aufbau der DNA früher oder später gewiss von irgendwem beschrieben worden. Im Reich der reinen Rationalität und des wissenschaftlichen Fortschritts sollte es daher eigentlich belanglos sein, wem genau dies nun als Erstem gelang. Was hätte es letzten Endes für einen Unterschied gemacht, wäre es Linus Pauling gelungen und nicht Crick und Watson? Doch was hat es für einen Unterschied für das Leben von Crick und Watson bedeutet, dass sie ihre Entdeckung einige Monate früher machen konnten!

Ist es für das Wohl der Allgemeinheit wichtig, ob Joseph Priestley oder Antoine Lavoisier den Sauerstoff entdeckte? Ob Isaac Newton oder Gottfried Leibniz den Rechenschieber erfand?

Betrachten wir einen anderen berühmten Moment der Angst, nicht der Erste zu sein. Dazu kam es am Ende eines zehn Jahre währenden Prozesses, in denen Einstein das ehrgeizige Projekt einer »Generalisierung« seiner Speziellen Relativitätstheorie von 1905 verfolgte. In den Jahren nach der Publikation entwickelten sich seine Überlegungen weiter, und er sagte voraus, dass das Licht von der Schwerkraft beeinflusst werde. Sein Biograph Walter Isaacson wies darauf hin, dass Einsteins Erfolg bislang auf »seiner besonderen Fähigkeit beruhte, die der Natur zugrundeliegenden physischen Prinzipien aufzudecken«, wobei er anderen die eher profane Aufgabe überließ, die beste mathematische Formulierung dafür zu finden. »Doch«, hielt Isaacson fest, »um 1912 lernte es Einstein zu schätzen, dass die Mathematik selbst auch ein Werkzeug zur Entdeckung der Naturgesetze und nicht bloß zu deren Beschreibung sein konnte.«

Isaacson zitiert den Physiker James Hartle: »Der zentrale Gedanke der Allgemeinen Relativität besagt, dass die Schwerkraft durch die Krümmung der Raumzeit entsteht.« Zwei komplementäre Prozesse galt es zu beschreiben: wie Materie von einem Gravitationsfeld beeinflusst wird und wie Materie in der Raumzeit ein Gravitationsfeld erzeugt sowie deren Krümmung bewirkt. Diese verblüffenden, nahezu unfassbaren Vorstellungen sollten schließlich in Einsteins Adaption der nichteuklidischen, von den Mathematikern Riemann und Ricci entwickelten Geometrie der Tensoren Ausdruck finden. Um 1912 war Einstein nahe dran, eine mathematische Strategie für eine Gleichung zu finden, wandte sich dann aber davon ab und suchte nach einem Weg, der stärker auf der Physik basierte. Damit hatte er nur teilweise Erfolg und musste sich schließlich damit zufriedengeben, gemeinsam mit seinem Kollegen Marcel Grossmann den Versuch einer Theorie zu veröffentlichen, den berühmten *Entwurf* von 1913, der, wie Einstein bald bemerkte, bedeutsame Irrtümer enthielt.

Die Unruhen des Ersten Weltkriegs und Einsteins Kampf gegen die deutschnationalen Ansichten seiner wissenschaftlichen Kollegen, die fortdauernden Versuche, seine jungen Söhne in Zürich wiederzusehen und die Scheidung von deren Mutter zu erwirken, bilden den Hintergrund für eine weitere außergewöhnliche intellektuelle Supernova, die diesmal nicht in dreizehn Monaten, sondern in nur vier herausragenden Wochen aufgezeichnet wurde.

Im Juni 1915 hielt Einstein an der Universität Göttingen Vorlesungen über den *Entwurf*. Sie waren ein großer Erfolg. In privaten Gesprächen mit dem eminenten deutschen Mathematiker David Hilbert, gleichfalls Pazifist, erläuterte Einstein zudem die Relativität und darüber hinaus, was er zu erreichen versuchte und welche mathematischen Probleme sich ihm stellten. Anschließend erklärte Einstein, dass Hilbert begeistert gewesen war. Er schien bis in die kleinsten Details zu begreifen, worauf es Einstein ankam, und verstand auch die mathematischen Probleme, die es zu bewältigen galt.

Hilbert verstand ihn vielleicht sogar zu gut,

denn schon bald machte er sich daran, eine eigene Version der Allgemeinen Theorie zu formulieren, während Einstein immer noch mehr Fehler und Widersprüche in seinem *Entwurf* entdeckte. Im Oktober verwarf er ihn schließlich und wandte sich erneut der auf Mathematik basierenden Strategie von 1912 zu. Und da er nur zu gut wusste, dass Hilbert, der überlegene Mathematiker, ihm dicht auf den Fersen war, begann für Einstein, was Isaacson gewiss zu Recht »die wohl rauschhafteste Zeit wissenschaftlicher Kreativität in der Geschichte« nannte. Noch während Einstein an seiner Theorie arbeitete, präsentierte er seine Ideen an der Preußischen Akademie in vier wöchentlichen Vorlesungen, beginnend am 4. November 1915.

Mit der dritten Vorlesung erklärte Einsteins Theorie in ihrer damaligen Fassung präzise die Perihelbewegung des Planeten Merkur – er sei, schrieb er einem Freund, »außer sich vor freudiger Erregung«. Nur wenige Tage, ehe Einstein die abschließende Vorlesung halten sollte, veröffentlichte Hilbert in einer Zeitschrift seine eigene Formulierung einer Allgemeinen Relativitätstheorie unter dem nicht gerade bescheidenen Titel: »Die Grundlagen der Physik«. Verbittert bekannte Einstein einem Freund: »Persönlich habe ich die Erbärmlichkeit der Menschheit nie deutlicher erfahren.«

Anders als Wallace, der unabhängig von Darwin arbeitete, versuchte sich Hilbert an der mathematischen Darstellung von Theorien, die von Einstein stammten. Doch die Angst vor dem Verlust der Priorität trieb Einstein wie Darwin zu den größten kreativen Anstrengungen an. Die Formel, die er für seine letzte Vorlesung am 28. November fand, nannte der Physiker Max Born: »Die größte Bravourtat menschlichen Denkens über die Natur und die erstaunlichste Kombination von philosophischer Durchdringung, physikalischer Intuition und mathematischem Können.«* Einstein selbst sagte über seine Theorie, sie sei von »unvergleichlicher Schönheit«.

Der Einstein-Hilbert-Disput um Priorität köchelt bis heute auf kleiner Flamme vor sich hin, allerdings muss hier angemerkt werden, dass beide, Wallace wie Hilbert, zügig und großmütig Darwin respektive Einstein die Priorität einräumten. Einsteins Verhältnis zu Hilbert blieb im November 1915, diesem folgenreichen Monat, angespannt, doch sollte ihre Freundschaft bald wieder aufleben.

---

* zitiert nach: Scinexx, das Wissensmagazin: *Warum Einsteins Theorie so aktuell und relevant ist.* Von Nadja Podbregar, 2015

Als Kinder rennen wir um die Wette zum Meer. Es hat heroische, gelegentlich tragische Wettrennen zum Nord- oder Südpol gegeben, beim Auffinden der Nordwestpassage, auf der Suche nach der Quelle eines Flusses oder bei der Erstdurchquerung einer Wüste. Manchmal sind heftige nationalistische Gefühle im Spiel. Wer schwimmt oder fliegt als Erstes über den Kanal, erreicht zuerst das Weltall, den Mond, den Mars – große Unterfangen, denen trotz aller heroischen Anstrengungen und technischen Errungenschaften doch etwas Kindisches anhaftet.

In der Literatur ist jeder der Erste. Wir brauchen uns nicht zu fragen, wer als Erster *Don Quichote* schrieb. Eigentlich ist es sogar interessanter, die Möglichkeit zu erwägen, man wäre der Zweite, so wie Pierre Menard in der berühmten Kurzgeschichte von Borges, der unabhängig von Cervantes Jahrhunderte später den gesamten Roman Wort für Wort noch einmal erfindet. Der schlechteste Schriftsteller der Welt kann sich zumindest sicher sein, dass er der Erste ist, der seinen schrecklichen Roman schreibt. Und zum Glück auch der Letzte. Dennoch, der Erste zu sein, der Verfasser eines Originals, sein Urheber, ist der Schlüssel zur Qualität eines literarischen Werkes, das – hinsichtlich des Themas und der Ausdrucksform – unser Verständnis von uns selbst und von uns innerhalb dieser Welt voranbringen muss, wie minimal auch immer.

Schriftsteller sind aber auch die dankbaren Erben einer Vielzahl von Techniken, Konventionen und Themen, die selbst wiederum Produkte sozialen Wandels sind. Die erlebte Rede, umfassend zuerst von Jane Austen eingesetzt, habe ich bereits erwähnt. In Samuel Richardsons Roman *Clarissa* wurde vermutlich zum ersten Mal ausführlich und detailreich die Spezifik eines psychischen Zustandes beschrieben. Schriftsteller des neunzehnten Jahrhunderts überlieferten uns so eindringliche wie komplexe Weisen der Figurendarstellung. Und lange Zeit musste vergehen, ehe ein Schriftsteller sich die Mühe machte, sich in den Kopf eines Kindes zu versetzen. Mit *Ulysses* erschuf Joyce eine neue Poetik der kleinen, alltäglichen Dinge. Er und andere Vertreter der Moderne wie etwa Virginia Woolf fanden neue Möglichkeiten der Darstellung des Bewusstseinsstroms, die uns heute so geläufig sind, dass sie sich sogar in Kinderbüchern finden. Richardson, Austen, Joyce und Woolf waren selbst wiederum Erben. Auch sie standen auf den Schultern von Riesen.

Darwin und Einstein waren die Ersten, und sie fanden sich von Ruhm und tiefgreifender Bewunderung geradezu überwältigt. Sie wurden zu Ikonen unserer Kultur, Wallace und Hilbert blieben dagegen relativ unbekannt. Und dieses ›Der Erste sein‹, diese Originalität, ist genau definiert. Nicht der Erste auf einer Newtonschen Zeitgeraden, sondern der Erste in einem anerkannten, respektierten öffentlichen Forum. Deshalb die Linné-Gesellschaft, deshalb die Preußische Akademie – in Eile und unter immensem Druck gehaltene Präsentationen.

Die Wissenschaft des neunzehnten Jahrhunderts hatte sich bereits Jahrzehnte am Rand evolutionärer Ideen bewegt, und falls Darwin – oder, was das angeht, auch Wallace – den Gedanken der Evolution durch natürliche Selektion nicht in Worte gefasst hätte, hätte es gewiss jemand anderes getan. Jeder sah sich mit denselben biologischen Realitäten konfrontiert; und die Taxonomie war bereits weit fortgeschritten.

Ähnlich undenkbar ist es, dass jene brillante Generation, die in den ersten dreißig Jahren des zwanzigsten Jahrhunderts die Grundlagen für die Klassische Quantenmechanik schuf, nicht eine Möglichkeit gefunden hätte, Materie, Energie, Raum und Zeit zusammenzubringen, wenn auch vielleicht auf einem Weg, der sich vom Einsteinschen unterschieden und anfangs vermutlich nicht die elegante Ökonomie Riemannscher Tensoren besessen hätte.

Der Erste in der Wissenschaft zu sein, der Urheber, ist von entscheidender Bedeutung. Labore wetteifern darum, als Erste zu publizieren. Mächtige Leidenschaften sind im Spiel, auch Nobelpreise. Den eigenen Namen auf immer mit einem erfolgreichen Gedanken verknüpft zu sehen kommt einer Art von Unsterblichkeit gleich. In ihrem Verlangen danach legen Wissenschaftler eine Sorge für sich selbst als Urheber an den Tag, als unersetzliche Schöpfer. Darin erkennen wir eine Parallele zur erbittert individualistischen Welt der Schriftsteller, der Dichter, Maler und Komponisten, die zuinnerst wissen, dass sie vollkommen auf jene angewiesen sind, die *vor* ihnen waren. In beiden Fällen zeigt sich uns ein menschliches Gesicht.

Ich möchte noch auf einen anderen Punkt der Annäherung von Kunst und Wissenschaft zu sprechen kommen, und zwar auf die Frage der Ästhetik. In den Jahren 1858 und 1915 änderten Darwin und Einstein, getrieben von dem eher niederen oder doch weltlichen Motiv, der Erste sein zu wollen, nicht nur den Lauf der Wissenschaft, sie änderten auch unser Selbstverständnis. Diese Zwillingsrevolution, die kaum sechzig Jahre umspannt, führte zu einer der tiefreichendsten Veränderungen und Verlagerungen im menschlichen Denken, die je stattgefunden hat. Das Tempo war beachtenswert. Die der Intuition zuwiderlaufende Vorstellung, die Erde drehe sich um die Sonne, brauchte Generationen, um sich in Europa durchzusetzen. Gleiches gilt für die Erfindung der Dreifelderwirtschaft. Eine unter dem Mikroskop wimmelnde Welt war der Medizin seit den 1670er Jahren zugänglich, seit jener Zeit, da Antoni van Leeuwenhoek begann, seine Beobachtungen an die Royal Society in London zu schicken. Eine störrisch der Tradition verhaftete Medizin aber blieb der Wissenschaft abgewandt, weshalb es fast zweihundert Jahre dauerte, bis ein Verständnis schädlicher Mikroorganismen die medizinische Praxis änderte.

Eine Theorie, die von einer Verwandtschaft aller Spezies ausging, galt für den Menschen als eine Verletzung seiner Würde; und der Kirche fiel es schwer, sich damit abzufinden, dass die diversen Spezies weder festgelegt noch unveränderlich sind und auch nicht erst vor relativ kurzer Zeit von Gott geschaffen worden waren. Insgesamt erklärte Darwins Theorie jedoch zu vieles zu gut, und sie stand zu sehr im Einklang mit neuen Beobachtungen in der Geologie, als dass man sich ihr hätte widersetzen können, was insbesondere für die Biologen galt; zudem waren viele englische Geistliche in Landpfarreien überdies gute Naturalisten, die gleich verstanden, wie nützlich die neue Theorie war. Interessant an der Veröffentlichung der *Entstehung der Arten* ist jedenfalls, wie rasch man sich damit abfand.

Die Richtigkeit von Einsteins Theorie ließ sich empirisch mittels Beobachtung der – am besten bei voller Sonnenfinsternis gemessenen – Lichtablenkung durch die Gravitation der Sonne beweisen. Diverse Expeditionen wurden 1919 ausgesandt,[*] doch auch wenn sie mit offenbar positiven Resultaten heimkehrten, war der Fehlerbereich bei den Messungen zu groß, um eine absolute Bestätigung ergeben zu können. Ende der 1920er Jahre fand sich die Theorie bereits in den Lehrbüchern. Radioteleskope lieferten Anfang der 1950er Jahre dann den endgültigen Beweis, doch da gehörte die Relativitätstheorie bereits zum Grundstock von Physik und Astronomie.

Die rasche Akzeptanz von Darwins und Einsteins Werk aus den Jahren 1859 und 1916 lässt sich durch die Effektivität oder die Wahrheit ihrer Theorien nicht hinlänglich erklären. Der große amerikanische Biologe E. O. Wilson schrieb Folgendes

---

[*] https://www.mpg.de/9236014/eddington-sonnenfinsternis-1919

über eine wissenschaftliche Theorie: »Anzeichen für ihre Eleganz, wir können sogar sagen, für die Schönheit einer spezifischen wissenschaftlichen Verallgemeinerung ist ihre Schlichtheit relativ zur Menge an Phänomenen, die sie erklären kann.«[*] Viele Physiker, insbesondere auch Steven Weinberg, sind davon überzeugt, dass es die Eleganz, die simple Schönheit von Einsteins Allgemeiner Relativitätstheorie war, die ihre rasche Akzeptanz noch vor der empirischen Bestätigung ermöglichte.

Die Glücklichen, die Paul Diracs berühmte Gleichung verstehen können (sie erklärt den Spin des Elektrons und sagte die Existenz von Antimaterie voraus), sprechen von ihrer intellektuellen Kühnheit, ihrer atemberaubenden Schönheit. Das ist eine Musik, die viele von uns nie hören werden. Die Gleichung, kurz wie die von Einstein, findet sich in Stein gemeißelt in der Westminster Abbey.

Machten wir uns Darwins Theorie zunutze, um über Einsteins Theorie nachzudenken, könnten wir spekulieren, dass die Evolution uns gerade so viel von Raum und Zeit verstehen lässt, wie es zum effektiven Funktionieren und Reproduzieren nötig ist. Die erbarmungslose Logik der natürlichen Auslese ist nicht darauf ausgerichtet, Organismen,

[*] E. O. Wilson: *Biologie als Schicksal*. München, 1980

selbst den menschlichen, ein intuitives Verständnis jener der Intuition zuwiderlaufenden Einsichten zu gewähren, die in der Speziellen und der Allgemeinen Relativitätstheorie Einsteins Ausdruck gefunden haben.

Die Schwerkraft mag durchaus eine Funktion der Raumzeitkrümmung sein, Materie und Energie mögen entlang eines Kontinuums liegen, doch gehört dies für die meisten von uns nicht zum unmittelbaren Verständnis der Welt. Man könnte auch sagen, wir hausten weiterhin in einem Newtonschen Universum, in Wahrheit also in einer Welt, die auch Jesus und Platon noch vertraut wäre.

Wenn ein bekannter Wissenschaftler wie John Wheeler schreibt: »Energie sagt der Raumzeit, wie sie sich krümmt, und die gekrümmte Raumzeit sagt der Materie, wie sie sich bewegt«, dann sind wir vielleicht beeindruckt, vielleicht auch nicht, doch fällt es uns schwer, die Weltsicht entsprechend anzupassen und den Eindruck zu korrigieren, in jedem Winkel des Universums regiere ein absolutes »Jetzt« und der leere Raum sei nichts weiter als eben dies, eine Leere, die darauf wartet, gefüllt zu werden, die nicht gekrümmt werden kann und die sich deutlich von der Zeit unterscheidet. Die Einsteinsche Revolution mag die absoluten Grundlagen von Materie, Energie, Raum und Zeit neu definiert haben, doch sorgen die Beschränkungen unseres mentalen Rüstzeugs dafür, dass wir evolutionsgemäß in den vertrauten Niederungen unseres Menschenverstandes bleiben.

Allerdings sind die Konsequenzen der natürlichen Selektion vielfältig, wie nicht zuletzt Steven Pinker deutlich machte. Und sie sind leicht, wenn auch nicht ohne leises Unbehagen, nachzuvollziehen: Die Erde und das Leben auf ihr sind deutlich älter, als es die Bibel behauptet. Die Spezies sind keine fixen, zu einer bestimmten Zeit geschaffenen Entitäten. Sie entstehen und vergehen; ihre Muster lassen keinerlei Absicht, keine Voraussicht erkennen. Wir können diese Prozesse heute ohne Rückgriff auf das Übernatürliche erklären. Wir sind, und wenn auch um noch so viele Ecken, mit allem Lebenden verwandt. Wir können unsere *eigene* Existenz erklären, ohne Übernatürliches bemühen zu müssen. Wir haben vermutlich keinen weiteren Lebenszweck als den, uns fortzupflanzen. Unsere Natur wird teilweise von unserer evolutionären Herkunft geprägt. Die zugrundeliegende natürliche Selektion gehorcht physikalischen Gesetzen. Die im Laufe der Evolution entwickelte materielle Substanz, die wir Hirn nennen, macht Bewusstsein möglich. Ist das Hirn beschädigt, sind auch die geistigen Funktionen beeinträchtigt. Es gibt keine

Anzeichen für eine unsterbliche Seele und außer inbrünstiger Hoffnung auch keinen guten Grund zu der Annahme, dass unser Bewusstsein den Tod des Hirns überdauert.

Es ist ein Zeugnis der Originalität wie auch der Diversität unserer Spezies, dass manche von uns die Konsequenzen der natürlichen Selektion schrecklich, verstörend oder offenkundig unwahr und (buchstäblich) seelenlos finden, wohingegen andere sie für schön halten, befreiend und mit Darwin »in dieser Sicht des Lebens eine gewisse Größe« sehen. So oder so, falls wir keine erhebenden Momente voll religiöser Ehrfurcht oder in der Kontemplation eines übergeordneten, übernatürlichen Wesens erleben, finden wir sie womöglich in der Kontemplation unserer Kunst und Wissenschaft. Als Einstein begriff, dass seine Allgemeine Theorie die Perihelbewegungen des Planeten Merkur exakt vorhersagte, bekam er Herzrasen vor Begeisterung, fast, »als sei in mir etwas zerrissen. Ich war«, schrieb er, »außer mir vor freudiger Erregung«. Diese Erregung kennt jeder Künstler. Es ist die Freude nicht der simplen Beschreibung, sondern des Schaffens. Sie ist Ausdruck für das – der Kunst wie der Wissenschaft gemeine – großartige, auch ein wenig banale, doch nur allzu menschliche Streben danach, angesichts völliger Abhängigkeit

von den Errungenschaften anderer Menschen einmal der Erste zu sein.

Darwin Symposium, Santiago, Chile, 2009

Eine parallele Tradition

Wer die Literatur liebt, hält die literarische Tradition eigentlich für selbstverständlich. Teils zeigt sie uns eine Zeitkarte, eine Möglichkeit, die Jahrhunderte und Verbindungen zwischen Schriftstellern einzuordnen. Es hilft, wenn man weiß, dass Shakespeare älter ist als Keats und der wiederum älter als Wilfred Owen, können doch so Einflüsse verfolgt werden. Teils impliziert die Tradition aber auch eine Hierarchie, einen Kanon, demzufolge Shakespeare herkömmlicherweise wie ein einsames Figürchen oben auf dem Hochzeitskuchen thront, während alle anderen Schriftsteller sich in abfallenden Rängen unter ihm anordnen. In den letzten Jahren schien dieser Kuchen vielen in einem geradezu ungenießbaren Maße allzu männlich, zu bürgerlich und zu heterosexuell geraten zu sein. Unhinterfragt aber blieb der Wert des Kanons an sich. Wer eine Tradition schafft, beginnt eine Auseinandersetzung und setzt sich damit der Kritik aus.

Vor allem anderen aber verlangt eine literarische Tradition ein aktives historisches Bewusstsein für eine Vergangenheit, die unsere Gegenwart prägt und in ihr lebendig ist. Umgekehrt erzeugt ein neues literarisches Werk unendlich kleine Verschiebungen in unserem Verständnis dessen, was zuvor gewesen ist. Man kann einen Dichter nicht für sich allein beurteilen, argumentierte T. S. Eliot in *Tradition und individuelle Begabung**, »man muss ihn, der Gegenüberstellung und des Vergleichs halber, zusammen mit den Vorgängern betrachten«. Eliot fand es keineswegs absurd, dass »das Vergangene durch das Gegenwärtige eine genauso große Umwandlung erfährt, wie das Gegenwärtige seine Richtlinien von dem Vergangenen her empfängt«. So können wir den Geist Jane Austens in einem Roman von Angus Wilson ausmachen oder in einem Gedicht von Alice Oswald das Echo eines Gedichtes von Wordsworth hören. Im idealen Falle lesen wir nach der Lektüre unserer Zeitgenossen die toten Dichter noch einmal mit neuem Verständnis. In einer lebendigen Tradition ist den Toten keine Ruhe vergönnt.

Kann die Wissenschaft, können wissenschaftliche Werke, diese gigantische, über Jahrhunderte

---

* T. S. Eliot: *Essays*, Bd. 1. Frankfurt, 1988. Übersetzt von Hans Hennecke angewachsene, halbvergessene Sammlung, eine vergleichbar lebendige Tradition bieten? Falls ja, wie könnten wir sie beschreiben? Dem Problem der Auswahl steht das Problem der Kriterien in nichts nach. Literatur wird nicht verbessert; sie ändert sich. Die Wissenschaft verfügt dagegen über ein komplexes, sich selbst korrigierendes Gedankensystem, treibt auf abertausend Forschungsfeldern unser Verständnis voran und verfeinert es. Daher rühren Macht und Status der Wissenschaft. Sie zieht es vor, einen Großteil ihrer Vergangenheit zu vergessen. Sie ist gleichsam konstitutionell an eine Form von selektiver Amnesie gebunden.

Ist recht zu haben, auf der richtigen Spur zu sein und dergleichen das wichtigste Kriterium für die Auswahl? Oder entscheidet letztlich der Stil? Das Werk von Thomas Browne, Francis Bacon oder Robert Burton enthält manch schöne Passage, deren Aussagen, wie wir heute wissen, faktisch falsch sind – dennoch würden wir gewiss nicht auf sie verzichten wollen. Weil sie über Jahrhunderte das Denken der Menschen beeinflusst haben, muss die Tradition auch einen Platz für Aristoteles und Galen bewahren. Wir dürfen der Geschichte der Wissenschaft keinen schnurgeraden Verlauf unterstellen, eine Geschichte des einsamen, aber richtigen Weges, der zur Gegenwart führt. Wir sollten uns immer auch an die verschiedenen verworfenen Spielzeuge der Wissenschaft erinnern – an die Körpersäfte, das Phlogiston, den Äther und, noch gar nicht so lang her – das Protoplasma. Die moderne Chemie wurde aus den vergeblichen Bemühungen der Alchemie geboren. Wissenschaftler, die in Sackgassen landen, leisten einen unverzichtbaren Dienst – sie sparen jedermann eine Menge Ärger. Dabei verfeinern sie womöglich Techniken und liefern ihren Zeitgenossen unter Umständen auch Ansätze für Kritik oder intellektuelle Hebelpunkte.

Ich schreibe all dies ein wenig pflichtschuldig auf, obwohl es durchaus ein gewisses Vergnügen bereitet, wenn ein Wissenschaftler oder ein Wissenschaftsschriftsteller uns zum Licht einer mächtigen Idee führt, die ihrerseits weit in die Zukunft weisende Schneisen der Erkundung und Entdeckung eröffnet und vielerlei verschiedene Phänomene auf vielen Forschungsfeldern zusammenführt. Manche nennen das womöglich Wahrheit, und sie hat durchaus einen ästhetischen Wert, der Galens so selbstgewissen wie konfusen Ausführungen über die Natur von Krankheiten abgeht. Zum Beispiel erinnert es an die luminöse Qualität großer Literatur, wenn der neunundzwanzigjährige Charles Darwin nur zwei Jahre nach seiner Rückkehr von der Reise auf der *Beagle* und einundzwanzig Jahre vor der Veröffentlichung von *Über die Entstehung der Arten* seinem Taschennotizbuch den so schlichten wie schönen Gedanken anvertraut: »Abstammung des Menschen jetzt bewiesen … Wer den Pavian versteht, würde mehr zur Metaphysik beitragen als John Locke.«

Vielleicht ist es besser, die Themen Wahrheit und Ungenauigkeit, Kriterien und Definitionen vorerst hintanzustellen. Wir wissen, was wir mögen, sobald wir davon kosten. Bis vor kurzem hat sich die literarische Tradition noch nie genötigt gesehen, ihre Bedingungen offenzulegen. Erst kam das Werk, dann wurde darüber diskutiert. Doch eigentlich will ich nur zu einem Gesellschaftsspiel anregen: Wie könnte der Kanon einer Wissenschaftsliteratur aussehen? Welche Bücher gehören in unsere Regale? Etwas vorzuschlagen heißt, Kritik herauszufordern; und schon fürchte ich, dass meine eigenen Vorschläge allzu männlich sind, zu bürgerlich, zu eurozentrisch.

Hier folgt der Anfang eines Essays – strenggenommen: eines Briefs – über Immunologie.

»Im christlichen Europa geht das Gerücht um, die Engländer seien verrückt, lauter Irre: Verrückt, weil sie ihre Kinder mit Pocken anstecken, um zu verhindern, dass die Kleinen die

Pocken bekommen; und irre, weil sie ihre Kinder frohgemut mit einer so gewissen wie grässlichen Krankheit anstecken, um eine ungewisse Krankheit zu verhindern. Die Engländer wiederum behaupten: ›Die Festlandeuropäer sind feige und unnatürlich: Feige, weil sie sich davor fürchten, ihren Kindern einen kleinen Schmerz zuzumuten, und unnatürlich, weil sie sie dem Tod durch Pocken irgendwann in der Zukunft aussetzen.‹ Um selbst urteilen zu können, wer in diesem Disput recht hat, folgt im Anschluss die Geschichte jener berühmten Schutzimpfung, von der außerhalb Englands mit solchem Horror gesprochen wird.«

Das stammt von Voltaire, geschrieben Ende der 1720er Jahre während eines ausgedehnten Englandbesuchs, ein seltenes Beispiel dafür, dass sich ein französischer Intellektueller von englischen Ideen beeindruckt zeigt. Er schrieb in seinen *Lettres philosophiques*, übersetzt als *Briefe aus England*, ganz wunderbar über Religion, Politik und Literatur und war von dem Maß an politischer Freiheit beeindruckt, das er bei uns vorfand, von der Macht des Parlaments, dem Fehlen von religiösem Absolutismus und göttlichem Recht. Er ging zu Newtons Beerdigung und war erstaunt, dass ein einfacher Wissenschaftler wie ein König in Westminster Abbey beerdigt wurde. Entscheidend aber ist, dass er zum Vermittler zwischen dem Wissenschaftler und einer interessierten Öffentlichkeit wurde und selbst grandiose Erläuterungen zu Newtons Theorien über Optik und Schwerkraft lieferte, die noch heute Bestand haben. Wer wissen will, was für kühne und originelle Ideen Newton hatte, der lese Voltaire. Bei ihm spüren wir die Begeisterung für neue Ideen, und dabei erfüllt er zugleich die höchsten Anforderungen an Verständlichkeit.

Als mein Sohn William 2001 am University College of London begann, Biologie zu studieren, wurde ihm geraten, keine vor 1997 geschriebenen Arbeiten über Genetik zu lesen. 2003 waren Schätzungen des menschlichen Genoms um den Faktor fünf oder gar sechs gesunken. Solcherart ist das überstürzte Vorgehen zeitgenössischer Wissenschaft. Doch wenn wir die Wissenschaft bloß als ein sich durch die Zeit schlängelndes Lichtband sehen, als ein Licht, das sich durch die Dunkelheit vorarbeitet, dahinter die unwissende Finsternis, eine Wissenschaft also, die nur in der strahlend hellen Gegenwart am besten ist, lassen wir uns epische Fabeln über Genialität und heroische Neugier entgehen.

Folgendes schrieb ein Mann, der mit unendlicher

Sorgfalt Glaslinsen schliff. Aus einem See hatte er ein wenig Wasser geholt und untersuchte es nun gewissenhaft und ohne Vorbehalte:

> »Darin schwebend, sah ich diverse Erdpartikel und einige grüne Stränge, spiralförmig geschlängelt und systematisch angeordnet … Andere Partikel zeigten nur einen Ansatz besagter grüner Stränge, doch alle bestanden sie aus sehr kleinen, grünen und miteinander verbundenen Kügelchen … Diese *animalcules* sind unterschiedlich gefärbt, manche weißlich und durchsichtig, andere mit grünen und stark glitzernden kleinen Schuppen … Diese Animalcules bewegten sich im Wasser so flink, mal aufwärts, mal abwärts, mal im Kreis, dass es ganz wundersam anzuschauen war: Und ich schätze, einige dieser kleinen Kreaturen waren tausendmal kleiner als die Kleinsten, die ich je zuvor gesehen hatte …«

Dies schrieb Antoni van Leeuwenhoek aus Holland 1674 der Royal Society und beschrieb damit nebst vielen anderen Organismen zum ersten Mal die Spirogyra, die Schraubenalge. Über fünfzig Jahre lang schickte er seine Beobachtungen an die Royal Society, und es ist kein Zufall, dass er ihr seine Briefe sandte. Auf engem Raum, einem von London, Cambridge und Oxford gebildeten Dreieck, das so nur über wenige Generationen Bestand hatte, fand sich nahezu die gesamte Wissenschaft der Welt versammelt. Newton, Locke, Hume (ich denke, bestimmte Philosophen sollten wir hier auch aufnehmen), Willis, Hooke, Boyle, Wren, Flamsteed, Halley: eine unglaubliche Versammlung von Genies und der Kern unserer Bibliothek – ihre klassischen Vertreter.

Mich konnte das geläufige Argument noch nie überzeugen, Religion und Wissenschaft bewegten sich in unterschiedlichen Sphären und lägen miteinander deshalb in keinem Widerstreit. Dass die Toten im Jenseits weiterleben, dass Gott existiert und unser Universum erschuf, dass Gebete erhört, die Bösen bestraft und die Guten belohnt werden, sind Aussagen über die Welt, die auch für die Wissenschaft von großem Belang sind. Solange die Christenheit tonangebend war, wurden freidenkende griechische und römische Schriftsteller des Altertums von mittelalterlichen Wissenschaftlern kaum berücksichtigt (was für die Gelehrten der islamischen Länder allerdings nicht zutraf). Lucrez' lang verschollene Schrift *De Rerum Natura,* in der frühen Renaissance wiederentdeckt und von großem Einfluss, verdient einen besonderen Platz im

Kanon der Wissenschaftsliteratur. Mit Beginn des sechzehnten Jahrhunderts schälte sich dann allmählich heraus, dass die Kirche nicht viel Sinnvolles über Kosmologie zu sagen hatte, über das Heilen von Krankheiten, das Alter der Erde, über die Entstehung der Arten oder über sonst irgendeinen Aspekt der materiellen Welt. Reden wir daher von einem großen Wissenschaftler, oft »Vater der Physik« genannt, den man »der Ketzerei höchst verdächtig« fand, weil er den Gedanken verbreitete, die Erde bewege sich um die Sonne und sei daher nicht das Zentrum des Sonnensystems. Unter Androhung von Folter seitens der Inquisition wurde er zum Widerruf gezwungen. Den Rest seiner Tage verbrachte er unter Hausarrest.

»Ich habe vor mir die heiligen Evangelien, berühre sie mit der Hand und schwöre, dass ich immer glaube, auch jetzt glaube und mit Gottes Hilfe auch in Zukunft alles glauben werde, was die heilige katholische und apostolische Kirche für wahr hält, predigt und lehrt. Es war mir von diesem Heiligen Offizium von Rechts wegen die Vorschrift auferlegt worden, dass ich die falsche Meinung völlig aufgeben müsse, dass die Sonne der Mittelpunkt der Welt ist und dass sie sich nicht bewegt und dass die

Erde nicht der Mittelpunkt der Welt ist und dass sie sich bewegt. Es war mir weiter befohlen worden, dass ich diese falsche Lehre nicht vertreten dürfe, sie nicht verteidigen dürfe und dass ich sie in keiner Weise lehren dürfe, weder im Wort noch in der Schrift.«[*]

Als Galileo dies 1633 unterzeichnete, hat er vielleicht leise vor sich hin geflüstert: »E pur si muove« (Und sie bewegt sich doch) – vielleicht auch nicht. Wir werden es nie erfahren. Letztlich musste er so tun, als sei er davon überzeugt, dass zwei plus zwei fünf ergibt. Wenn an dieser Stelle nun an Orwell erinnert werden soll, dann deshalb, weil sich auch weltliche Mächte dem freien Nachdenken gegenüber feindselig gezeigt haben. Bei den Nazis und im sowjetischen Regime wurde die Wissenschaft im Dienste politischer Zwecke auf groteske Weise verzerrt. Die Perversion von Darwins natürlicher Auslese durch das Dritte Reich, mit der die Theorie von der Überlegenheit einer Rasse gerechtfertigt werden sollte, bildete die Grundlage für den Holocaust.

[*] Galileis Abschwörungsurkunde vom 22. Juni 1633 findet sich im Netz unter: http://docplayer.org/20837758-Wer-die-wahrheit-nicht-weiss-der-ist-bloss-ein-dummkopf-aber-wer-sie-weiss-und-sie-eine-luege-nennt-der-ist-ein-verbrecher.html

Da es sich bei der Wissenschaft um etwas Erdverhaftetes handelt, kann sie wohl kaum von sich behaupten, gänzlich objektiv zu sein. Ihr Kanon steckt voller Geschichten aus dem Leben, und in ihrer Historie wimmelt es von aggressiven Konkurrenten, Prioritätsstreitigkeiten, Anschuldigungen intellektuellen Diebstahls und dem Aufeinanderprallen mächtiger Persönlichkeiten. James Watsons Buch *Die Doppel-Helix,* 1968 veröffentlicht, ist eines der besten wissenschaftlichen Werke des zwanzigsten Jahrhunderts, eine so genaue wie überaus persönliche Beschreibung der Struktur der DNA. Watsons Mitarbeiter Francis Crick und Maurice Wilkins (Rosalind Franklin war damals bereits tot) nahmen starken Anstoß an diesem Buch.

Die Doppel-Helix und Richard Dawkins' acht Jahre später erschienenes Buch *Das egoistische Gen* markieren den Beginn eines goldenen Zeitalters wissenschaftlicher Literatur. Dawkins stützte sich auf das Werk einer Handvoll Wissenschaftler, um eine kreative Synthese aus Darwins natürlicher Auslese und zeitgenössischer Genetik zu entwickeln, die nicht bloß jene wenigen Menschen begeisterte, die mit diesen Konzepten bereits vertraut waren. Seine Überlegungen setzen einen grundlegenden Wandel in der Evolutionstheorie in Gang, der größte Auswirkungen auf die Lehren der Biologie haben sollte, eine jüngere Generation für das Thema begeisterte und jede Menge Veröffentlichungen nach sich zog.

Ein wichtiger Beitrag zur Entwicklung einer lebendigen Vergangenheit in der Wissenschaftsliteratur war John Careys *Faber Book of Science,* eine hervorragende, ausgezeichnet annotierte Anthologie. Sie enthält Galileos »Bekenntnis«, aus dem ich eben zitiert habe. Carey nahm zudem einen langen Ausschnitt aus Thomas Huxleys berühmten Vortrag *Über ein Stück Kreide* auf, den dieser 1968 in Norwich in einem Saal voller Arbeiter gehalten hatte. Der Vortrag enthielt den verführerisch schönen Satz: »Ein großes Kapitel der Geschichte unserer Welt ist in Kreide geschrieben …«

Huxley führt uns natürlich zurück zu Darwin. Von *Über die Entstehung* einmal abgesehen, ist *Der Ausdruck der Gemüthsbewegungen bei dem Menschen und den Thieren* mein Lieblingsbuch von Darwin. In ihm legt er dar, dass Gefühle über alle Kulturen hinweg gültige Universalien sind. Er führt auch im Sinne des Antirassismus Argumente für eine gemeinsame menschliche Natur an. Zudem ist dieses Wissenschaftsbuch eines der ersten mit Fotografien – unter anderem mit einer Aufnahme von Darwins Baby, das plärrend in einem Hochstuhl sitzt. Die Ausgabe von Paul Ekman ist ein beispielloses Werk der Gelehrsamkeit. Mit klarem Gespür für literarische Tradition greift der Physiker Steven Weinberg in seinem Buch *Der Traum von der Einheit des Universums* Huxleys Vortrag über Kreide noch einmal im Lichte zeitgenössischer theoretischer Physik auf, um sich beredt für den Reduktionismus starkzumachen.

Steven Pinkers Anwendung der Darwinschen Lehre auf Chomskys Linguistik in *Der Sprachinstinkt* ist eine der schönsten Würdigungen der Sprache, die ich kenne. Zu den weiteren unverzichtbaren »Klassikern« zählt für mich E. O. Wilsons *The Diversity of Life* über die ökologischen Wunder des Regenwaldes am Amazonas oder das Gewimmel von Mikroorganismen in einer Handvoll Erde; David Deutschs exzellenter Bericht über die Viele-Welten-Theorie in *The Fabric of Reality;* Jared Diamonds Verschmelzung von Historie mit biologischen Überlegungen in *Arm und Reich – Die Schicksale menschlicher Gesellschaften;* Antonio Damásios hypnotisierende Darstellung der Neurowissenschaften der Emotionen in *Ich fühle, also bin ich – Die Entschlüsselung des Bewusstseins;* Matt Ridleys Buch *Nature Via Nurture,* in dem er dem Gegensatz von Erlernt oder Angeboren nachgeht, sowie das erst jüngst veröffentlichte Buch von Daniel C. Dennett, der Hume so gut kennt wie

Dawkins und in seinem Buch *Den Bann brechen, Religion als natürliches Phänomen* für uns die Memetik des Glaubens darlegt.

Von Aristoteles' empirischer Studie der Meeresfauna in der Lagune von Pyrrha auf der Insel Lesbos um 344 v. Chr. bis hin zu den Werken von Banks, Faraday, Tyndal, Gauß, Cajal, Einstein, Heisenberg – die Tradition der Wissenschaftsliteratur ist umfangreich, vielfältig und multilingual. Es ist eine Literatur, die allen und nicht nur jenen gehören sollte, die selbst Wissenschaft ausüben. Und sie offeriert eine Geschichte intellektuellen Mutes, konzentrierter Arbeit, gelegentlicher Inspiration und des menschlichen Scheiterns auf jede nur erdenkliche Weise. Darüber hinaus lädt sie zum Staunen und Genießen ein. So, wie wir mit Freunden um den Küchentisch sitzen und über eine Fernsehserie reden, einen Song, einen Film, ohne selbst Schauspieler, Komponist oder Regisseur zu sein, so sollten wir uns auch die wissenschaftliche Tradition zu eigen machen und dieses Fest organisierter Neugier feiern, diese grandiose Errungenschaft akkumulierter Kreativität.

The Guardian, 1. April 2006.
Überarbeiteter Artikel

Das Ich[*]

Gibt es eine auch nur annähernd so paradoxe geistige Entität wie das Selbst, unser Ich? Verblüffend selbstverständlich und doch so irritierend schwer zu fassen. Wachen wir am Morgen auf, schlüpfen wir hinein oder bekommen es übergestülpt, fast als zögen wir ein Paar bequeme Schuhe an. Oder, genauer gesagt, wir wachen auf und haben die Schuhe bereits an den Füßen. Manche wachen mit unbequemen Schuhen auf. Einige wenige unglückliche, kranke Menschen erwachen barfuß und finden sich in einer grauenhaft vertrauten Folterkammer wieder. Selbst im Schlaf können wir dem Ich nicht ganz entfliehen, ist es in unseren Träumen doch Zeuge oder Akteur, oft beides zu-

[*] Titel des englischen Originals: »The Self«. Der Übersetzer hat sich für »Das Ich« entschieden, weil es seit Anfang des 20. Jahrhunderts geläufig ist, vom Ich zu reden. Überhaupt spricht man im Deutschen eher vom Ich, im Englischen dagegen vom Selbst, siehe dazu Ansgar Beckermann: *Die Rede von dem Ich und dem Selbst.* Vortrag an der Uni Bielefeld, 2010

gleich. Und dennoch fällt es schwer, dieses Ich zu definieren. Zumindest gilt dies für die Philosophie. Und die Aufgabe, es zu beschreiben, es anderen Ichs verständlich zu machen – Ichs, in die wir per definitionem nie vordringen können –, ist kompliziert und gelingt nie vollständig, eine Aufgabe, der wir uns in der Literatur, wie ich später noch ausführen werde, auf methodische, ausführliche oder selbstbewusste Weise erst in der frühen Moderne gestellt haben – womit im weitesten Sinne das sechzehnte Jahrhundert gemeint ist. Und »uns« verweist in diesem Fall auf eine allgemein eurozentrische Sicht mit Wurzeln in der griechisch-römischen Welt.

Wir neigen dazu, das Ich mit dem Bewusstsein gleichzusetzen, obwohl wir wissen, dass das nicht ganz stimmt: Nicht alle Bereiche unseres Ichs sind uns allezeit zugänglich. Zum Bewusstsein gehört natürlich das Bewusstsein seiner selbst, und diese Selbstbewusstheit ist der Empfänger all dessen, was das Bewusstsein zu bieten hat, nur ist es eben nicht das Ich – oder ist doch nicht das ganze Ich, nicht das Ich *selbst*. Charakter trifft es auch nicht recht, denn diesem eignet die Qualität einer dritten Person, nützlich, um andere zu beschreiben, um sie zu verstehen oder ihr Verhalten zu deuten, nur fehlt dem *Charakter* die gefühlte, subjektive Qualität der Selbstbewusstheit. An ungenauen Synonymen mangelt es nicht: Herz, Seele, Geist, Individualität. Eine weitere Annäherung könnte eine besondere Bedeutung des Wortes »Leben« sein – im Sinne von »Innenleben«. Es ist das eigene Leben, das man beim Erwachen fortsetzt – und damit ist nicht nur dessen äußere Manifestation durch Arbeit oder Beziehungen gemeint, sondern das, was wir *in* uns leben müssen. Das Ich als erfahrenes Leben meint James Fenton in einem seiner vielgepriesenen Gedichte.* Im ersten Vers erklärt der untröstliche Erzähler: »Ich nahm mein Leben und warf es auf den Müll.« Später findet dieser Erzähler auf demselben Müllhaufen das durchnässte Leben eines anderen, nimmt es mit nach Hause und trocknet es am Kamin. »Ich habe es anprobiert. Es passte wie angegossen.« Sein altes Ich hat der unglückliche Erzähler abgestreift, ein neues zufrieden angenommen. Kritische Leser könnten da protestieren – wenn sich das Ich doch nur so einfach entsorgen ließe.

Doch ein Leben im Sinne Fentons ist immer noch kein Ich. Wir können unser Leben ändern, und unser Ich verändert sich mit der Zeit, doch haf-

---

* *The Skip*. Erschienen in: *The Harwill Book of 20th century poetry in English*. London, 1999, S. 644

tet dem Ich etwas Dauerhaftes und Unausweichliches an. Freizeitdrogen, darunter Alkohol, können uns für kurze Zeit davon befreien, doch das alte Ich, das, was man hatte, ehe man zum Müllhaufen ging, wartet auf einen, wenn man zurückkehrt. Und obwohl wir täglich im Rahmen unseres Ichs leben, überschreitet unser Ich augenscheinlich die eigenen Grenzen, wenn es sich selbst hinterfragt. Denken wir nur an die uns verfügbare Sprache, wie sie rekursiv auf dieses Ich beziehungsweise Selbst zu sprechen kommt: selbstverliebt, Selbstzweifel, selbstvergessen, selbstverleugnend, selbstbeherrscht – die Liste ist lang, und nur ein Ich konnte sie aufstellen. Wenn Bob Dylan über den Abschied von einer Geliebten singt: »Yer gonna make me give myself a good talking to«,* wissen wir, was er meint. Wir wissen auch, dass der, der sich da eine Standpauke hält, zugleich derjenige ist, dem sie gilt.

Ein Neurowissenschaftler wird – mit der früher Priestern vorbehaltenen *Selbstgewissheit* – sagen, dass sich das Ich an keiner bestimmten Stelle des Hirns lokalisieren lässt, anders etwa als Descartes, der den Sitz der Seele in der Zirbeldrüse zu finden meinte. Es gibt keinen in uns hockenden, uns be-

---

* Bob Dylan: *You're Gonna Make Me Lonesome When You Go.* 1975

obachtenden Homunculus. Vielmehr ist das Ich zugleich nirgendwo und überall im Hirn, verteilt über ein enorm komplexes neuronales Netz. Allerdings ist sattsam belegt, dass Traumata des Cortex praefrontalis radikale Veränderungen in der subjektiven Selbstwahrnehmung verursachen können. Wunden, die das autobiographische Gedächtnis kompromittieren oder nahezu auslöschen, werden das Konstrukt des Ichseins massiv stören und legen somit nahe, dass Zeit, Erinnerung und Kontinuität wesentliche Bestandteile dessen sind, was das Ich ausmacht.

Hier betreten wir einen weiteren umstrittenen Bereich. Dass das Ich eine Art Narrativ sei, eine sich entfaltende Geschichte, die wir uns selbst erzählen, gilt heutzutage als allgemein anerkannt. Niemand hat darüber besser geschrieben und so gründlich die sogenannten »narrativistischen« Quellen zusammengetragen wie der Philosoph Galen Strawson,* obwohl er der Behauptung oder zumindest doch der Vermutung, dass dies auf uns alle zutreffe, zutiefst skeptisch gegenübersteht. Seinen Recherchen zufolge gibt es sowohl in den Geisteswissenschaften als auch in der Psychotherapie keinen Mangel an einflussreichen, wortgewandten Ver-

---

* Siehe: Galen Strawson: *The Subject of Experience*. Oxford, 2017

fechtern der Auffassung, dass wir das Buch sind, das wir selbst schreiben. Im Folgenden will ich nur einige wenige von Strawsons »Narrativisten« anführen: »Jeder von uns schafft und lebt ein ›Narrativ‹ ... und dieses Narrativ sind wir ...«, schreibt Oliver Sacks; »Das Ich ist eine fortlaufend umgeschriebene Geschichte«, so Jerome Bruner in *The Remembered Self;* und noch einige Zitate aus anderen wissenschaftlichen Quellen: Eine Person »schafft ihre Identität durch ein autobiographisches Narrativ«; wir sind alle »virtuose Schriftsteller«; »die wichtigste literarische Figur im Zentrum dieser Autobiographie ist das Ich«.

Eine der Annehmlichkeiten dieser Auffassung ist, dass sie uns ein schmeichelhaftes Maß an Handlungsspielraum gewährt. Wir fühlen uns durch die Annahme gestärkt, dass wir unsere eigenen, bewusst geschaffenen Konstruktionen sind. Die amerikanische Schriftstellerin Mary McCarthy schrieb: »... man beginnt schließlich, in gewissem Maße das Ich, das man haben will, zu wählen und zu erschaffen.« Germaine Greer geht sogar noch weiter: »Menschen haben das unveräußerliche Recht, sich selbst zu erfinden.«

Natürlich behagt Schriftstellern das angeborene, universelle Konstrukt eines selbstverfassten Ichs. Bei Literaturfestivals hört man uns auf Podien routiniert versichern, dass wir, wir alle, zuvorderst Geschichten erzählende Geschöpfe sind, dass wir uns selbst ins Leben schreiben und dass wir ohne diese Ich-Geschichten eine Art mentalen Tod sowie den folgerichtigen Zerfall unserer Menschlichkeit erleben würden. Nur sollte man sich an dieser Stelle vielleicht daran erinnern, dass Schriftsteller dafür bezahlt werden, etwas zu erfinden. Außerdem hört man aus allen Lebensbereichen – von Genetikern, Architekten, Physikern wie Städteplanern –, dass gerade *ihre* Berufswahl das Wesentliche einschließt, die Grundlagen dessen nämlich, was es heißt, Mensch zu sein. Wir glauben ausnahmslos gern, dass wir nicht nur wichtig, sondern *notwendig* sind. Schriftsteller sind da natürlich keine Ausnahme.

Ich selbst war auf diesen Podien lange Zeit ein eher schuldbewusster, lauwarmer Narrativist. Ich fand meist, ich sollte mich kameradschaftlicher zeigen, begeisterter einstimmen, doch speiste sich mein Unbehagen aus zwei Quellen – einem unzureichenden Glauben an den freien Willen, der notwendig wäre, um ein Ich zu schreiben oder zu verfassen. Ich habe mir meine Kindheit nicht ausgesucht, ich habe mir meine Gene nicht ausgesucht, ich habe mir mein Ich nicht ausgesucht. Zugleich freute es mich, den freien Willen als notwendige

Illusion zu akzeptieren: Zum einen »haben« wir ein Bewusstsein und müssen folglich die Verantwortung dafür übernehmen. Zum anderen aber erinnere ich mich zu jeder gegebenen Zeit nicht an besonders viel. Kindheit, Jugend, frühes Erwachsensein – bloße Bruchstücke, keine verlässlichen Ereignisketten, nur mit Mühe oder aufgrund gezielter Fragen hervorgeholt und gewiss nicht Teil einer tagtäglich erfahrenen »Geschichte«. Angesichts der Romane von Saul Bellow oder John Updike fühlte ich mich stets benachteiligt. Dickens gehört gleichfalls in diese Reihe. In deren Romanen wimmelt es von Material, von unbedeutenden oder wichtigen Figuren – ein riesiges Kompendium reichhaltiger Erfahrung, die sie scheinbar mühelos aufrufen und fiktionalisieren können.

Anders als Updike kann ich mich nicht an die Seilspringreime der Mädchen auf dem Spielplatz, an den Namen der Verkäuferin im Süßwarenladen oder an den Mundgeruch des ersten Arztes erinnern, der meine Zähne untersucht hat. Angesichts solch offenkundiger Mängel war es für mich eine Erleichterung, wenn nicht gar Befreiung, Strawson zu lesen, der Bill Blattner zitiert: »Wir sind keine Texte. Unsere Geschichten sind keine Narrative. Das Leben ist keine Literatur.« Und Strawson setzte hinzu: »Jemand musste das mal sagen.« So erlebt er das eigene Ich keineswegs als selbstver-fasste Geschichte, sondern als eher episodenhaft, leicht chaotisch, geprägt von einzelnen Momenten in einer sukzessiven Abfolge von Gegenwarten. Er behauptet, ein »durchaus beachtliches Maß an Wissen über die eigene Vergangenheit« zu besitzen, glaubt aber nicht, dass ein autobiographisches Narrativ »irgendeine signifikante Rolle dabei spielt, wie ich die Welt wahrnehme«. Er zitiert Henry James' »heilloses Durcheinander des Lebens«. Dabei zweifelt Strawson nicht an der Version der Narrativisten vom Innenleben (auch wenn er sich fragt, ob dessen Vertreter ihre Erfahrungen wirklich akkurat wiedergeben). Er will einfach nur sagen, dass es ihm und anderen anders geht.

Er zieht es vor, uns auf althergebrachte Weise in zwei Lager zu teilen – »in jene, die hinsichtlich ihrer Gedanken den Eindruck haben, deren Verfasser zu sein, und in jene, die, wie ich selbst, diesen Eindruck nicht haben und finden, dass ihre Gedanken etwas sind, was einfach geschieht«. Für das Lager der Non-Narrativisten erweist er sich erneut als guter Archivar des passenden Zitats. So führt er Emerson an: »Wir werden vom Schicksal auf unserem Lebensweg geleitet, sehen ernst drein und wissen doch so wenig wie das Baby, das im Peddigrohr-Kinderwagen über die Straße geschoben wird.« Trotz seines weit zurückreichenden Gedächtnisses schreibt John Updike, habe er »das fortwährende Gefühl im Leben, dass ich gerade erst anfange«. Strawson zitiert einen weiteren Essay von Updike, in dem dieser sich über die Mängel der Biographie als literarischer Form beklagt. »Sie kann die unirdische Unschuld nicht vermitteln, die in der immerwährenden Gegenwart des Lebens jenem Ich zukommt, das mir unser wahres Ich zu sein scheint.« Strawson kann auch dem oft zitierten Passus aus Virginia Woolfs Essay *Modern Fiction* nicht widerstehen (wer könnte das schon): »Das Leben ist keine symmetrisch angeordnete Reihe von Wagenlampen; das Leben ist ein leuchtender Nimbus, eine halb-durchsichtige Hülle, die uns vom Anfang unseres Bewusstseins an bis zum Ende umgibt.«*

In vielen Berichten über das, was ein Ich ausmacht, fehlt, dass jedes Ich einen Körper hat. Wir sind keine Hirne in Petrischalen. Die Erfahrung eines Ichs ist immer auch die Erfahrung, einen Körper in seiner ganzen Vertrautheit zu besitzen, einen Körper im Wachstum und Verfall, mit all seinen Malaisen und Freuden. Jener Schmerz am Gau-

---

* Virginia Woolf: *Moderne Romankunst*. In: *Der gewöhnliche Leser*. Essays. Frankfurt, 1997. Übersetzt von Hannelore Faden und Helmut Viebrock

men, wenn man ein Eis isst; der Leberfleck am Knie, der einen seit Kindertagen begleitet; der Zeh, der Ärger macht, wenn man weiter als nur einige Meilen wandert; der Schauder, der einen überläuft, wenn man eine bestimmte Musik hört. Oder, fundamentaler, das schlichte Empfinden, in einem Körper zu sein – seine momentane Ausrichtung zu kennen, die Position der Gliedmaßen.

Updike ist gut darin, wie er gut in allen Details ist, im Kleingedruckten des Lebens. In seinem Essay *On Being a Self Forever* schreibt er: »Schaue ich zu einem leeren blauen Himmel auf oder lasse den Blick auf einer hellen Schneefläche ruhen, werde ich mir eines geordneten Musters optischer Unvollkommenheiten bewusst – Flecken in meinem Glaskörper wie erstarrte Mikroben –, die, meist unbemerkt, in meinem Blickfeld schweben.« Dann kommen ihm oft und wie von außerhalb alte Liedfetzen in den Sinn, Bruchstücke arrhythmischer Reime: »Ich warte auf den richtigen Moment, denn so bin ich nun mal.« Unterschreibt er mit seinem Namen, stockt die Hand am oberen Ende vom »d«. Auf seiner Handinnenfläche ist eine Narbe, seit er sich auf der Highschool aus Versehen mit einem Stift gestochen hat. Wenn er das erste Glied des Zeigefingers seiner linken Hand hebt, nimmt er undeutlich einen leicht unangenehmen Geruch wahr, ganz unabhängig davon, wie oft er sich die Hände wäscht. Er findet ihn irgendwie befriedigend. Wachgedanken neigen zum Absurden: Müssen die Fingernägel geschnitten werden? Warum geht der Schnürsenkel immer wieder auf? Wiedergekäute Sorgen, undeutliche Erinnerungen – all diese Daten bilden sein innerstes Ich, das Fundament seines »mehr oder minder akzeptablen, sozialen, sexuellen und professionellen Verhaltens«.

Dies sind persönliche Details, wie sie für eine Selbstwahrnehmung des verkörperten Ichs typisch sind. Updike denkt in diesem Essay über die Ewigkeit nach und auch darüber, was es bedeuten würde, wenn dieses Ich mit all seinen Absonderlichkeiten »für immer, also über das atomare Universum hinaus, existieren würde«. Er (ein Gläubiger) räumt ein, dass darin für uns eine gewisse Absurdität liegt, da wir unser Leben unter der Voraussetzung ständiger Veränderung führen. Und die Erwähnung dieser Veränderung bringt mich dazu, zwei gegensätzliche Elemente des Ichseins zu kontrastieren – Kontinuität und Vergänglichkeit. Es war bekanntermaßen John Locke, der Identität, eine Empfindung des Ichseins, mit der Kontinuität in der Zeit verband.

»… müssen wir, um festzustellen, worin die Identität der Person besteht, zunächst untersuchen, was Person bedeutet. Meiner Meinung nach bezeichnet dieses Wort ein denkendes, verständiges Wesen, das Vernunft und Überlegung besitzt und sich selbst als sich selbst betrachten kann. Das heißt, es erfasst sich als dasselbe Ding, das zu verschiedenen Zeiten und an verschiedenen Orten denkt. Die Person ist jetzt dasselbe Selbst wie damals; jene Handlung wurde von demselben Selbst ausgeführt, das jetzt über sie nachdenkt.«[*]

Und damit ist das geläufige Paradox des Ichs benannt – wir erkennen an, dass wir uns im Laufe der Zeit verändern, dass unser fünfjähriges Ich, unser vierzehnjähriges Ich sich grundlegend von unserem jetzigen Ich unterscheidet, und doch erheben der Fünfjährige und der Vierzehnjährige einen Anspruch auf uns, den wir nicht abschütteln können. Mit Updikes Worten: »Wir altern und lassen diesen Ausschuss an toten, unwiederbringlichen Ichs hinter uns zurück.« Ich bin da anderer Meinung – nie ganz tot, wenn auch noch so unwiederbring-

[*] John Locke: *Ein Versuch über den menschlichen Verstand.* Jena, 1795. Übersetzt von H. E. Poleyen

lich, nie ganz zurückgelassen, wenn auch vergessen. Ein dünner Faden von Kausalität, Konsequenz und Beliebigkeit verbindet uns mit unseren früheren Ichs. Alle Tage, Stunden und Sekunden, alle Herzschläge führen wie Trittsteine vom Krabbelkind zur alten Frau. Einem Mann wird der Prozess für einen Mord gemacht, den er vor dreißig Jahren begangen hat. Wir bleiben dem alten Ich verpflichtet und sind für seine Taten auch weiterhin verantwortlich – ansonsten würde das System der Strafjustiz zusammenbrechen. Und deshalb muss ein Autor bei öffentlichen Veranstaltungen auch Fragen über eine Erzählung oder einen Roman beantworten, die er vor fünfzig Jahren geschrieben hat. Diese Verpflichtung besteht ganz offenkundig, schließlich hat er auch nichts dagegen, wenn dann und wann noch Tantiemen für dieses Buch bei ihm eingehen. Was ihn allerdings nicht vor dem Gefühl bewahrt, sich wie ein Betrüger, ein Hochstapler vorzukommen. Dieses Buch ist nicht das Werk seines jetzigen Ichs. Die vergessenen Sätze oder überraschenden Themen könnten ohne weiteres auch von jemand anderem stammen. Deshalb trat Philip Larkin so ungern öffentlich auf, er fühle, sagte er, sich dann, als »gäbe ich vor, ich selbst zu sein«.

Zu guter Letzt stellen wir uns in diesem kurzen Überblick über das, was wohl das Ichsein ausmacht, dem offensichtlichsten Element – nämlich dem uns innewohnenden, dauerhaften, gegenwärtigen Denker oder Empfänger von Gedanken, der Schmerz und Vergnügen empfindet, Träume und Gelüste kennt; mit Lockes Worten dem »bewusst denkenden Wesen, das für Glück und Unglück empfänglich ist und sich deshalb so weit um sich selber kümmert, wie jenes Bewusstsein sich erstreckt«.[*] Jener Bildschirm, der die Sinnesdaten zeigt, Kern der Identität, der, für den wir erröten, auf den wir stolz sind und dessen wir uns schämen oder, um noch einmal aus Woolfs bereits erwähntem Essay zu zitieren, der Empfänger einer »Unzahl von Eindrücken – triviale, phantastische, flüchtige oder wie mit einem scharfen Stahl gestochene. Von allen Seiten kommen sie, ein unaufhörlicher Schauer unzähliger Atome, und wie sie da fallen, wie sie sich zum Leben am Montag oder Dienstag formen ...«.[**]

Wie können wir all diese Elemente eines Ichs bloß zusammenbringen? Denken wir an den Weg am Montagmorgen von daheim zur Arbeit. Das Pflaster unter unseren Füßen, die Vertrautheit des eigenen Gangs, der angenehme Geruch frischer

---

[*] Aus: John Locke: *An Essay Concerning Human Understanding And A Treatise On The Contact Of The Understanding.* Pittsburgh, 1849

[**] Virginia Woolf, ebd.

Oktoberluft. Die bekannten Geräusche und Bilder der Rushhour. Gedankenfetzen jenseits unseres habituellen Wahrnehmens von Verkehr und Passanten. Diese verstreuten Überlegungen, die unvermittelt kommen und doch irgendwie unserer Kontrolle zu unterliegen scheinen. Der Gedanke an eine zu erledigende Aufgabe, vage Überlegungen hinsichtlich des Besuchs eines Freundes, Erinnerungen an sexuelle Reize, an Ehrgeiz oder Verlangen, die vorüberschweben wie die Flecken auf Updikes Glaskörper; eine flüchtige Erinnerung an die Schlaflosigkeit der letzten Nacht, während die Zunge argwöhnisch einen Zahn betastet, was an den Zahnarzt denken lässt. All dies wie von einem Spuk durchzogen von der Tatsache, kurz unterhalb der Bewusstseinsschwelle, der akuten Absicht – rechtzeitig zur Arbeit zu gelangen und zu erledigen, was ansteht, wenn man dort angekommen ist. Eine renitente Stimme, ein anderes Ich, sagt, wie schon so viele Male zuvor, dass es an der Zeit wäre, den ganzen Mist einfach hinzuwerfen. Reiß dich los, solange du noch jung bist! Aber das geht nicht, sagt das Ich, das dich zur Arbeit lenkt. Du hast Verpflichtungen.

Vielleicht triffst du eine alte Freundin und bleibst stehen, um dich mit ihr zu unterhalten. Automatisch versuchst du, ihre Gedanken zu lesen anhand ihrer Mimik, Gestik und Körperhaltung sowie dessen, was sie sagt, der Ton, mit dem sie es sagt. Entscheidend ist, dass du dich, während ihr euch unterhaltet, von ihr zurückgespiegelt siehst. Sie macht es ihrerseits nicht anders. Jenes Ich, das du für so privat hältst, wird auch von anderen geformt, das Selbstwertgefühl von ihnen geprägt.

Das anatomisch moderne menschliche Hirn in all seinem kognitiven Glanz sucht den Planeten seit nunmehr zweihunderttausend Jahren heim, vielleicht noch nicht einmal so lang. Von Schädelfrakturen und anderen Knochentraumata wissen wir, dass die frühen Menschen ein brutales Leben hatten. Ihre Lebenserwartung betrug kaum fünfundzwanzig Jahre. Über die privaten Erfahrungen der vielen Toten, die uns vorausgingen, wissen wir allerdings wenig, sofern der eine oder andere nichts darüber niedergeschrieben hat. Dafür mussten wir auf eine Möglichkeit kultureller Transmission warten, auf die Erfindung der Schrift vor gerade einmal fünfeinhalbtausend Jahren.

Private Erfahrung wiederzugeben war kein vordringliches Bedürfnis der frühzeitlichen Schreiber. Unsere ältesten Texte – seien es sumerische, babylonische oder altägyptische Niederschriften – drehen sich um religiöse Bräuche, kaufmännische Berechnungen, um Überschwemmungen, Dürreperioden, Ernten oder Krieg. Die Keilschrift gewährt uns keinen noch so flüchtigen Blick auf etwas Privates. Wir wissen so gut wie gar nichts über das Innenleben der alten Ägypter.

Schreiten wir in der Zeit voran zur klassischen Antike, sehen wir eine geistige Landschaft, in der man die Erwähnung eines privaten Ichs als weit verstreute Lichtpunkte beschreiben könnte, etwa wie eine von einem Berggipfel gesehene moderne Landschaft – separate, unverbundene Lichtpunkte, die Momente einer subjektiven, sehr persönlichen menschlichen Wahrheit repräsentieren. Sie heben sich vor einem Hintergrund voller Kriegshelden und ihren Taten ab, ihren schurkischen Gegnern, moralischen Paradebeispielen von Männern und Frauen, die mit ihrem Schicksal ringen, mit Träumen, Flüchen, Wahrsagungen, dem Zorn der Götter und jenen großen Themen, zum Beispiel in der *Orestie,* wie der Rache gegen gesetzmäßige Gerechtigkeit.

Im Folgenden ein amüsantes Spiel, bei dem alle ernsthaften Leser mitspielen können, da gewiss viele von uns ihre eigenen Beispiele menschlicher Augenblicke in der Literatur der Antike kennen – eine Beobachtung, ein Wortwechsel, eine emotionale Wahrheit, die über die Jahre zu uns spricht und den Beweis für eine angeborene, ungebrochen menschliche Natur bietet, die sämtliche historischen und technologischen Begleitumstände überdauert hat.

Dies ist eine meiner Lieblingsstellen – die erste in einem Triptychon von Unstimmigkeiten zwischen den Geschlechtern, die ich in diesem Rahmen anführen will.

Penelope hat auf Ithaka zwanzig Jahre lang auf ihren geliebten Odysseus gewartet. Am Abend seiner Rückkehr steigt sie die Treppe in die große Halle hinab und sieht am Feuer eine Gestalt sitzen. Aber ist er es wirklich? (In der Übersetzung von Johan Heinrich Voß):

>»Jetzo glaubte sie schon sein Angesicht zu
  erkennen,
Jetzo verkannte sie ihn in seiner ärmlichen
  Kleidung.«

Dann der berühmte Trick mit dem Bett. Sie befiehlt, dass man das Ehebett aus dem Schlafzimmer entferne. Odysseus aber, der selbst das Bett entwarf, weiß, dass es um einen alten, tiefwurzelnden Ölbaum herum gebaut wurde und sich folglich nicht bewegen lässt. Und so beweist er zu Penelopes Zufriedenheit, dass er der Mann ist, der er zu sein behauptet. Nun reagiert Odysseus beleidigt, da sie ihn nicht gleich erkannt hat. Zerknirscht wirft sie sich ihm an den Hals.

> »Sei mir nicht bös, Odysseus! Du warst ja
> immer ein guter / Und verständiger Mann!
> Aber du musst mir jetzo nicht darum
> zürnen noch gram sein, / Dass ich,
> Geliebter, dich nicht beim ersten Blicke
> bewillkommt!
> Siehe, mein armes Herz war immer in Sorge,
> es möchte / Irgendein Sterblicher kommen
> und mich mit täuschenden Worten /
> Hintergehn; es gibt ja so viele schlimme
> Betrüger!«

Sie vertragen sich wieder, natürlich. Aber wir konnten aus nächster Nähe, fast von innen heraus, die Dynamik eines Ehegeplänkels verfolgen, einen Moment des Kummers und Missverstehens, dann die Beilegung des Zwists. Das ergibt nicht gerade ein tiefschürfendes Porträt eines Ichs, ist aber ein Anfang. Über eine Kluft von 2700 Jahren hinweg vermittelt dieser Auszug lebendige Gefühle, eine subjektive Realität, die wir intuitiv verstehen.

Solche Lichtpunkte, Momente einer Offenbarung von Subjektivität, finden sich verstreut in allen vormodernen Jahrhunderten. Lassen Sie sich von keinem Theoretiker sagen, es hätte vor dem achtzehnten Jahrhundert keine Individualität gegeben. Außer bei Homer können wir auch bei Platon, Marcus Aurelius, Vergil, bei Catull, Lukrez und Dante einen flüchtigen Blick darauf erhaschen. Wir finden Hinweise auf ein lebendiges Ich im *Kopfkissenbuch* von Sei Shōnagon, wenn die Erzählerin eine literarische Diskriminierung der besonderen Art erlebt und schreibt: »Es gibt auch jene Gelegenheiten, da man jemandem ein Gedicht geschickt hat, das man selbst für sehr gelungen hält, aber kein Gedicht zur Antwort bekommt.« Einen guten Vorgeschmack auf das subjektive Leben erhalten wir auch bei Chaucer und Petrarca sowie bei zahllosen Dichtern, doch sind es nur Momente, oft kaum mehr als zwei, drei Zeilen, die ein Innenleben zum Ausdruck bringen. Es gab ganz offensichtlich bereits ein Ich, nur galt es noch nicht als angemessenes Thema für ausgedehnte Erkundungen, als angemessenes Thema für die Literatur. Es ließe sich eine vereinfachte Geschichte der Literatur als eine Geschichte stetiger Ausweitung thematisch akzeptabler Subjektivität denken.

Wir müssen allerdings bis zur frühen Moderne warten, ehe sich eine nachhaltige Erkundung dieses Ichs finden lässt. So wie man im Monat Mai über eine Wiese voll ungeöffneter Margeriten blicken mag und bemerkt, dass eine Blume frühzeitig vor allen anderen erblüht ist, so haben sich in der Kulturgeschichte Einzelne lang vor allen anderen für dieses Thema geöffnet.

Und damit komme ich zu Michel de Montaigne.

Er schrieb Mitte bis Ende des sechzehnten Jahrhunderts und zählt gewiss zu den Ersten, die sich selbst als ernstzunehmendes Thema begriffen, eines, für das er die angemessene literarische Form des offenen, diskursiven Essays erfinden musste. Sein Projekt drehte sich ausschließlich um ihn selbst; er wusste genau, was er wollte. Seine Zeitgenossen mögen ihn maßlos gefunden haben, als er erklärte: »Ich selber, Leser, bin also der Inhalt meines Buches.« Der moderne Leser hat dafür eher Verständnis.

»Alle Welt richtet den Blick aufs Gegenüber. Ich jedoch nach innen; dort halte ich ihn dauerhaft beschäftigt. Jeder schaut vor sich, ich in mich … Ich beobachte mich ohne Unterlass, prüfe mich, verkoste mich … ich kreise in mir selbst.«*

---

* Michel de Montaigne: *Essais*. Frankfurt, 1998. Übersetzt von Hans Stilett, Buch II, Kap. 17

Liest man heute seine Essays, kann man beobachten, wie ein Einziger im Alleingang eine der wesentlichen Konditionen der Moderne entwickelt. In seinem Essay *Über Bücher* beansprucht er für sich das Recht, über Dinge reden zu können, die jenseits seiner Kompetenz liegen. Damit verrät er mehr über sich selbst als über das jeweilige Thema. »Dies hier sind vielmehr meine persönlichen Überlegungen, durch die ich nicht die Kenntnis von Dingen zu vermitteln suche, sondern von mir.«* Und was für ein Ich schält sich heraus? Das eines edelmütigen Menschen, tolerant, weltoffen, Theorien misstrauend (für einen Franzosen eher selten), skeptisch gegenüber Ärzten, ganz allgemein gegenüber Autoritäten, Theologie und religiösem Enthusiasmus, Ekstasen und Visionen. Er ist überempfindlich gegen Gewalt und in seiner Ablehnung von jeglichem Rassismus seiner Zeit voraus. Er ist ein Empiriker, liebt Freundschaften, gibt sich entspannt, genießt das Leben und die menschliche Vielfalt. Er hegt eine Vorliebe für die natürliche Ordnung der Dinge. »Wir sind Flickwerk«, sagt er. »Zu wissen, wie man sich selbst gehört, ist das Größte der Welt.«

Die *Essais* zählen zu den herausragenden Mar-

* ebd., Buch II, Kap. 10

kierungspunkten in der Geschichte der Selbstdarstellung. Der Autor erfand eine neue Art des Se-
hens, des Sich-selbst-Sehens, und auch wenn der
Groschen nur langsam fiel, gab es nach Montaigne
kein Zurück mehr.

Wir könnten uns fragen, ob diese *Essais* im Ori-
ginal gelesen wurden. Sie haben womöglich Eindruck bei meiner zweiten früh erblühten Pflanze
hinterlassen, bei Shakespeare. Schriebe man die
komplette Geschichte der Formulierungen subjektiven Lebens in der Literatur, müsste man ein lan-
ges Kapitel jenem beeindruckenden Mysterium
widmen, das *Hamlet* für uns bedeutet, die best-
konzipierte, klügste, widersprüchlichste, undurch-
dringlichste, so reale wie eigenwillige Figur, die je
erfunden wurde. Es gibt Anklänge an Montaigne,
gar direkte Echos, etwa wenn Hamlet bekanntermaßen in Prosa spricht, 2. Akt, 2. Szene: »Ich habe
seit kurzem – ich weiß nicht, wodurch – all meine
Munterkeit eingebüßt, meine gewohnten Überzeugungen aufgegeben …«* Hier beschreibt sich jemand als depressiv und sagt, er wisse nicht, warum
er so fühlt. Auch wenn er Rosencrantz und Gülden-
stern etwas vormacht, hört man im »ich weiß nicht,
wodurch« doch den alten Dispens von Aristoteles

---

* Shakespeare: *Hamlet*. Übersetzt von A. W. v. Schlegel

und Galen mitsamt ihren unbegründeten Gewissheiten, ihren zarten Banden unerprobten Wissens, die sich vor einer neuen und typisch modernen Form des Selbstzweifels aufzulösen beginnen.

In einem bedeutsamen Maße dürfte *Hamlet* ein Selbstporträt darstellen, denn ohne dem eigenen Spiegelbild tief in die Augen zu schauen, kann man wohl kein derart komplexes Bewusstsein schaffen. Vor dem Jahre 1600 gibt es kein imaginäres Ich, das sich mit diesem leuchtenden, überragenden Geist vergleichen ließe. Noch in den 1580er Jahren schufen andere Stückeschreiber Figuren, die von einem einzigen Laster, einer einzigen Tugend geprägt waren. Hamlets beherrschende Figur steht am Beginn einer langen Tradition komplexer, vielschichtiger Charaktere, die wir nie ganz erfassen werden. Dieses Maß an Undurchdringlichkeit scheint deren Fortdauern über die Jahre zu sichern. Elizabeth Bennet, Madame Bovary, Anna Karenina, Stephen Dedalus – wir haben alle unsere Liste.

Bislang habe ich keinen Unterschied zwischen dem Selbstporträt und dem Porträt einer Figur gemacht, also zwischen dem Selbstporträt eines real existierenden oder historischen Individuums und dem einer erdachten, fiktionalen, von einem Geschichtenerzähler erfundenen Figur etwa in einem Roman oder Theaterstück. Beide, das Selbstporträt und das fiktive Porträt, präsentieren uns eine schlüssige, subjektiv erfahrene Wesenheit jener Art, wie ich sie beschrieb; eine einzigartige, gespensterhafte Person, ein Zentrum des Bewusstseins und der Identität, das Ich, das Schmerzen erlebt, Gefühle, das ein Gedächtnis hat, Urteilsvermögen und Handlungsfähigkeit. Manch eine Autorität führt an, eine solche Individualität sei doch vorwiegend eine Erfindung, ein kulturelles Produkt, an seine Zeit und die jeweiligen historischen Umstände gebunden. Eine der sprachmächtigsten Formulierungen dieser Ansicht findet sich in Jacob Burkhardts *Die Cultur der Renaissance in Italien* in der folgenden, zu Recht hochgelobten Passage:

»Im Mittelalter lagen die beiden Seiten des Bewusstseins – nach der Welt hin und nach dem Innern des Menschen selbst – wie unter einem gemeinsamen Schleier träumend oder halb wach. Der Schleier war gewoben aus Glauben, Kindesbefangenheit und Wahn; durch ihn hindurchgesehen erschienen Welt und Geschichte wundersam gefärbt, der Mensch aber erkannte sich nur als Race, Volk, Partei, Corporation, Familie oder sonst in irgendeiner Form des Allgemeinen. In Italien zuerst verwehte dieser Schleier in die Lüfte; es erwachte eine *objektive* Betrachtung und Behandlung des Staates und der sämtlichen Dinge dieser Welt überhaupt, daneben aber erhebt sich mit voller Macht das *Subjektive,* der Mensch wird geistiges *Individuum* und erkennt sich als solches ... Mit Ausgang des XIII. Jahrhunderts aber beginnt Italien plötzlich von Persönlichkeit zu wimmeln; der Bann, welcher auf dem Individualismus gelegen, ist hier völlig gebrochen.«*

Dieser Ansicht der Individualität als eines Konstrukts der Kultur widerspricht die Auffassung, ein Ich, wie auch das Bewusstsein selbst, habe es bis zu einem gewissen Maße immer schon gegeben, so wie es Locke beschreibt, nämlich als das unvermeidliche biologische Produkt eines gewissen Volumens präfrontaler neuronaler Kapazität. Sogar ein Hund ist Empfänger seines eigenen Schmerzes, seiner eigenen Freude. Noch wahrscheinlicher aber ist, dass es das menschliche Selbstbewusstsein innerhalb eines gewissen Spektrums schon immer gab; Kultur und insbesondere die Kunst spielen eine entscheidende Rolle dabei, uns an diesem

* Jacob Burkhardt: *Die Cultur der Renaissance in Italien.* Basel, 1860

Spektrum kumulativ und schrittweise entlangzu-
führen. Allerdings zeigt die Geschichte auch, dass
es Umstände gibt, die uns in die umgekehrte Rich-
tung führen. Kriege und Hungersnöte kommen einem da in den Sinn. Nichts beschränkt den Geist so
sehr wie Furcht oder Hunger. Das Ich hat es immer
gegeben, entscheidend aber bleibt: Es ist die Kultur, die jene Bedingungen gewährt, unter denen das
Ich zu einem Subjekt in unserer Literatur wird.

Das vollendete Selbstporträt oder auch das Porträt einer imaginären Figur zeigt uns kein ideali-
siertes Bild, keinen idealen Typus und kein mora-
lisches Vorbild, dem wir nacheifern sollten oder
durch dessen Nachahmung wir hoffen, womöglich
in den Himmel zu kommen, sondern ein Individuum, das nichts weiter als sich selbst repräsentiert –
und das folglich, wie alle Menschen, gleichermaßen
unvollkommen wie tugendsam ist. Notwendiger-
weise muss der Schriftsteller, der sich an dieses
Porträt macht, zu einiger Distanzierung fähig sein,
gar zu Skepsis. Der Sprache eines solchen Porträts
kommt die schwierige Aufgabe zu, auf plausible
Weise einen inneren Zustand zu vermitteln und uns
im besten Falle zu zeigen, wie sich dieser im Laufe
der Zeit sowie durch wechselnde Umstände und
Gefühle verändert. Wir empfinden mühelos die
sogenannten Qualia unseres alltäglichen Lebens,

können sie aber nicht ohne weiteres auf ein Blatt Papier bannen. Damit das möglich wird, müssen die entsprechenden literarischen Mittel erfunden werden; umgekehrt hat die Selbstdarstellung die Entwicklung dieser Mittel vorangebracht. Eine heroische Saga genügt da nicht. Nur was? Der private Brief, das Tagebuch, die Autobiographie, das Bekenntnis, selbst ein Logbuch und letztlich der Roman.

Doch vorerst genug von dem, was Nabokov einst »den Humbug der Verallgemeinerung« nannte. Wenden wir uns lieber einem anderen Ehezwist zu. Am 9. Januar 1663 liegt Samuel Pepys noch spät morgens im Bett – ungewöhnlich für ihn. Oft geht er schon um vier Uhr früh in sein nahe gelegenes Büro. Am Abend zuvor aber war er mit seiner Frau Elizabeth im Theater, und im Anschluss mussten sie über eine Stunde auf eine Kutsche warten, die sie nach Hause brachte. Als er aufwacht, steht seine Frau tiefbetrübt vor ihm. Zwei Monate zuvor hatte sie ihm einen Brief geschrieben, in dem sie ihm schilderte, wie unglücklich sie in ihrer Ehe sei. Sie fühlte sich so einsam und ausgeschlossen, Pepys aber hatte den Brief verbrannt, ohne ihn gelesen zu haben. Elizabeth besaß eine Abschrift, und »diesen Brief las sie nun vor, er war sehr scharf, in Englisch geschrieben, dazu das meiste sehr wahr, von wegen ihres zurückgezogenen Lebens, und wie wenig angenehm das für sie sei«.[*]

Pepys' größte Sorge war allerdings, dass der Brief in fremde Hände fallen könnte – »welche Schande für mich, welche Schmach, sollte er je von jemand anderem gelesen werden«. Er fuhr fort:

> »Ich regte mich sehr auf und befahl ihr, die Abschrift zu zerreißen. Als sie sich weigerte, riß ich ihr den Zettel aus der Hand und zerfetzte ihn, nahm dann auch das ganze Bündel an mich, sprang aus dem Bett und stopfte es in meine Hosentasche, damit sie es mir nicht mehr wegnehmen konnte. Nachdem ich Strümpfe, Hosen und Rock anhatte, nahm ich ein Blatt nach dem anderen heraus und zerriß es vor ihren Augen, obwohl mein Herz dabei blutete, da sie weinte und bat, es nicht zu tun. Aber zu groß waren meine Wut und die Aufregung darüber, daß meine Liebesbriefe an sie …«[**]

[*] Samuel Pepys: *Tagebuch aus dem London des 17. Jahrhunderts.* Ausgewählt, übersetzt und herausgegeben von Helmut Winter. Philipp Reclam jun. Stuttgart, 1980
[**] ebd.

In ihrer ausgezeichneten Pepys-Biographie* hebt Claire Tomalin diese Szene hervor. Eines der von ihr ausgewählten Motti stammt von Robert Louis Stevenson, der über jene »unerschrockene, wenn nicht gar unverständliche Ernsthaftigkeit« schrieb, »die dieses Buch zu einem Wunder unter allen Büchern mache. Ob Pepys sich fehlverhielt oder Gutes tat, stets war er unverwechselbar er selbst«.

»Das unverwechselbare Selbst« ist denn auch der passende Untertitel von Tomalins Buch. In dieser Szene, einer Zäsur in Pepys' Ehe, seziert er mit forensischer Präzision den eigenen Ärger, seine Grausamkeit, Gewalt, die hohle Sorge um seinen Ruf und dann sein Bedauern (»die Wahrheit ist, dass es mich traurig stimmte, so viele meiner armseligen Liebesbriefe von Schiffsreisen oder sonst wo zu zerreißen«), doch beweist er auch ein genaues Verständnis für Elizabeths Kummer, hegt Mitleid für sie und sieht ein, wie berechtigt ihre Klagen waren. Nicht einmal sein Freund John Evelyn, ebenfalls Tagebuchschreiber, konnte häusliche Szenen solcherart beschreiben.

Auch dies ist ein Beispiel dafür, wie die Literatur sich durch ihr Thema erweitert. Pepys besaß wahrlich ein unverwechselbares Ich. Seine Reife, seine

* Claire Tomalin: *Samuel Pepys. The Unequalled Self.* Viking, 2002

umfassenden Kenntnisse, seine Verbindungen bis hinauf in die höchsten Ebenen von Politik und Gesellschaft kamen ihm nicht nur als Chronist seiner Zeit aufs Beste zugute, sondern auch als Privatmensch mit einem Hang zu klinischer Selbstdistanz. Man könnte Pepys geradezu einen Wissenschaftler in der Erforschung seiner selbst nennen. Er schrieb nicht nur zu einer Zeit, in der die Royal Society gegründet wurde (seit 1665 war er Mitglied und zählte viele Wissenschaftler zu seinen Freunden); es war zudem die Zeit der Restauration wie auch der Englischen Aufklärung, eine aufregende Zeit, in der sich die wissenschaftliche Welt auf das Dreieck Oxford, Cambridge und London konzentrierte. Der Begriff Objektivität kam in Umlauf. Auf das Ich aber ließ er sich nicht anwenden.

Gehen wir noch einmal hundert Jahre weiter, um unser drittes Paar zu verorten, das sich diesmal unter eher peinlichen Umständen streitet. Es ist das Jahr 1763. James Boswell, ein junger Mann, gerade mal zweiundzwanzig und eigener Aussage zufolge jemand, der es in London zu etwas bringen will, spürt beim Aufwachen im sensibelsten Teil seiner Männlichkeit ein heftiges Brennen. Er hat die Gonorrhö, und die Schuld daran gibt er Louisa, seiner Geliebten, einer Schauspielerin. Verbittert denkt er den ganzen Vormittag über: »Werde ich, der gefahrlose und elegante Liebschaften mit prächtigen Frauen führte, jetzt zum Gelackmeierten einer Kokotte? Soll ich viele Wochen krank und in erzwungener Einsamkeit daniederliegen und mich von grässlichen Schmerzen plagen lassen … Muss ich meine arme Börse schröpfen … Und darf ich gar mit Lady Mirabel nicht mehr ins Bett oder mit sonst einer Dame von Welt?« Dabei hatte er eben jener Lady Mirabel erst kürzlich vorgeschwärmt, er »jage wie ein wilder Junghengst quer durch die Stadt«. Diese Louisa, die ihm, laut Boswells exquisiter Schilderung, bei ihrer ersten Begegnung auf liebreizende Weise über einen Moment der Impotenz, von Depressionen ausgelöst, hinweggeholfen und ihm dann versichert hatte, dass sie sich ein Leben ohne ihn nicht vorstellen könne.

Er begegnet Louisa auf genau jene Weise, die er im Tagebuch vorbereitet und vorformuliert hat, nämlich distanziert und kalt. Das Gespräch schildert er in Form eines Theaterstücks. (Louisa: Mein liebster Herr! Ich hoffe, es geht Ihnen heute gut. Boswell: Über die Maßen, besten Dank auch.) Schließlich kommt er zum Punkt. Entsetzt erwidert sie, sie sei die letzten sechs Monate mit keinem anderen Mann als mit ihm zusammen gewesen. Sie sei schon einmal von dieser Krankheit befallen gewesen, gewiss, aber seit mindestens fünfzehn Monaten frei davon. Er beendet ihre Begegnung mit den Worten »Madam, Ihr untertänigster Diener«, und erhebt sich aus seinem Sessel.

Daheim vertraut er seinem Tagebuch an: »Während unserer Unterhaltung gab ich mich männlich gefasst und legte eine höfliche Würde an den Tag, die zweifelsfrei Bewunderung verdiente …, und so endete meine Affäre mit der schönen Louisa, auf die ich mir so viel zugutegehalten und von der ich wenigstens für den Winter stetige Kopulation erwartet hatte.«

Einige Zeit später schreibt er ihr einen wütenden, ziemlich gemeinen Brief und verlangt Geld, um die Arztrechnung bezahlen zu können. »Das Geld zu erwähnen war nicht gerade *comme il faut,* aber sollte sie zahlen (was kaum wahrscheinlich ist) wird es mir sehr von Nutzen sein.« Sie schickte es ihm tatsächlich. Schließlich tröstete sich Boswell damit, dass »Louisa nur für die Übergangszeit war, bis ich das Leben der oberen Kreise führen konnte … für einen Mann wie mich war eine Frau von Welt die einzig akzeptable Begleitung«.

Es ist das so enthüllende wie vernichtende Porträt eines ehrgeizigen jungen Mannes, der seine wenigen Kontakte nutzt, um einen Posten bei der Armee zu ergattern, nur möchte er gar kein Soldatenleben führen; er möchte nichts weiter, als in London eine gute Figur machen als Gentleman und Mann von Welt. Deshalb will er auch zu einem Regiment (den Guards), das aller Voraussicht nach nicht ins Ausland verlegt werden wird. Er hasst die Vorstellung, in einem Zelt oder auf einer unbequemen Pritsche schlafen zu müssen. Bemerkenswert an Boswells Journal* ist in seinen besten Passagen das hochentwickelte Konzept eines Ichs – nicht edel, heroisch, bewundernswert, sondern makelbehaftet und korrupt. Und geradezu paradox ist die Distanz, die er in seinem Selbstporträt vermessen kann, um uns einen Mann in all seiner Selbsttäuschung zu zeigen.

Wir haben das Glück, die Nutznießer einer Entscheidung zu sein, die James Boswell 1762 traf, als er beschloss, »die Geschichte meiner inneren Verfassung« zu schreiben. Er stellt sich selbst abwechselnd als geistreich dar, in Gesellschaft charmant, für sein Alter belesen, zu Bettlern freundlich, manchmal faul, voller Selbstmitleid und rücksichtslos, wenn es ihm passt; ein scheinheiliger Gockel, eine aufgeblasene Kröte, ein depressiver, mal grausamer, mal unehrlicher Mann auf dem Weg nach

---

* *The Journals of James Boswell, 1762–1795, selected and introduced by John Wain.* Yale UP, New Haven, 1991

oben, von Status und Rang besessen und auf der verzweifelten Suche nach dem Vermögen, das einen Gentleman ausmacht. Er schreibt gut, sein Gedächtnis ist erstaunlich, der Blick für Details und das Ohr für Gesprächsverläufe so beachtlich wie seine innere Abgeklärtheit. An Jahren jung, ist er doch durchaus willens, uns alle Facetten seiner Persönlichkeit zu zeigen. Er bietet uns sein Ich dar.

Zu der Zeit, da er sein Journal verfasste, hatte Boswell schon einige Vorläufer, wenn auch nicht viele. Mitte des achtzehnten Jahrhunderts galt der Roman, der als literarisches Format den Vektor für die Entwicklung der Idee des Ichs abgab, bereits als weithin anerkannt. Jane Austen war nur eine gute Generation entfernt, eine Generation weiter wartete Flaubert.

Der Roman, der sich im achtzehnten Jahrhundert weiterentwickelte und dessen Leserschaft wuchs, scheint von Beginn an ein entschiedenes Verständnis für die Gestaltung des Subjektiven an den Tag zu legen. Samuel Richardsons *Clarissa*, erschienen 1748, fast eine Million Worte lang, wurde von manchen die erste ausführliche Darstellung eines Bewusstseins in der Geschichte der Literatur genannt. Wäre der Roman ohne Montaigne und Shakespeare möglich gewesen? Höchstwahrscheinlich, denn am raschen Aufstieg des Romans waren viele Faktoren beteiligt. Und dennoch betonte Samuel Johnson, einer der größten Kritiker und Exegeten Shakespeares aller Zeiten, *Clarissa* sei »aufgrund der Kenntnis des menschlichen Herzens, die dieser Roman verrät, das erste Buch der Welt«.

In seiner frühen Reifezeit bemühte sich der englische Roman darum, »real« zu wirken: der wahre Bericht, aufgefundene Briefe, die Erinnerungen eines gestrandeten, allein auf einer verlassenen Insel überlebenden Reisenden oder der Kunstgriff »im Jahre 176-, in der Stadt L-«. Schon bald aber mokierte sich der Roman über seinen Anspruch auf Realität, unterlief ihn in *Tristam Shandy,* dieser manischen Komödie. Doch es gab noch ein weiteres Mittel, den Akt des Lesens dem des Denkens analog zu machen, indem man nämlich den Unterschied zwischen objektiver Beschreibung und subjektivem Empfinden verwischte. Ein in der dritten Person wiedergegebener Bericht ließ sich, wann immer es dem Autor gefiel, durch die Gefühle der Figur einfärben. Und diese Figur konnte zum Brennpunkt des Bewusstseins werden, ohne deshalb auf die erste Person begrenzt zu sein. Der Terminus »erlebte Rede« wurde erfunden, um Flauberts fiktionale Techniken zu beschreiben, zur vollen Blüte kam dieser Stil dann im Werk von Jane

Austen. Seither gehört er zur Kunst des Romans und wird vom gewöhnlichen Leser kaum mehr bemerkt. Das Ich wird von der physischen oder sozialen Landschaft des Romans durchdrungen.

Die Erwähnung der Religion habe ich bislang ausgespart. Nur zwei kurze Anmerkungen. Erstens, es gibt die weitverbreitete Ansicht, nichts stärke das Bewusstsein der Individualität so sehr wie die Kommunikation mit einem göttlichen Wesen. Und zweitens, die Entwicklung des Romans mit seinem vorherrschenden Interesse am Subjektiven habe dem Protestantismus viel zu verdanken.

An beidem muss etwas dran sein, zumal so viele ernsthafte Denker darauf verweisen. Ich behalte mir allerdings eine gewisse Skepsis vor. Das Christentum hatte vor Montaigne fünfzehnhundert Jahre Zeit, das Bewusstsein für die eigene Individualität zu schärfen. Die Resultate waren kläglich, und dahinter steckt wohl Absicht. Wenn in der christlichen Tradition schriftlich über die Gottheit meditiert wurde, suchte der Unbeirrbare nicht die eigene Individualität zu kräftigen, sondern sie angesichts einer höheren Gegenwart aufzulösen. Demut verlangt Selbstbescheidung. Ist man von der Präsenz eines allmächtigen Wesens überwältigt, wird es geradezu überflüssig, über die eigene Individualität nachzudenken. Liest man die *Bekenntnisse* des heiligen Augustinus oder *Die Offenbarungen der göttlichen Liebe* der Mystikerin Juliana von Norwich, bekommt man den Eindruck, die Beschäftigung mit der eigenen Sündhaftigkeit und die Notwendigkeit, andere zu bekehren, tragen das Ich zu Grabe. Selbstaufopferung, Selbstverleugnung – es kommt doch offenkundig darauf an, von Betrachtungen der eigenen Identität Abstand zu nehmen.

Die religiöse Lyrik von George Herbert, einem der größten Dichter im englischen Kanon, führt uns ebenso wenig einer Individualität zu wie Miltons *Paradise Lost*. Wir wissen weit weniger über den Sprecher von Herberts Gedichten als etwa über Montaigne, Anna Karenina, Pepys oder Boswell. Darum aber ging es auch nie. Herberts Gedichte gleichen vielmehr Gebeten; sie sind das Resultat einer mit vollendeter Klugheit und höchster Dichtkunst durchsetzten Frömmigkeit.

Es gab eine Gelegenheit, die, wäre sie genutzt worden, den Weg der westlichen intellektuellen Tradition radikal verändert hätte. So schrieb Flaubert bekanntermaßen an Madame Roger de Genettes: »Es gab eine einzigartige Zeitspanne, von Cicero bis Marcus Aurelius – die alten Götter dahin, Christus noch nicht da –, in der die Menschen allein waren. Nirgendwo sonst findet sich diese Größe …«

Als er das formulierte, hatte er Lukrez im Sinn. Dieser schrieb im ersten Jahrhundert vor Christus und verkörperte eine ungebundene Neugier, die frühe Christenheit aber begegnete ihm mit mörderischer Intoleranz. Im Universum des römischen Denkers gab es keinen tröstenden Gott, keinen Sinn, keine Unsterblichkeit und keinerlei Bedeutung, die über jene hinausging, die der Welt von Menschen verliehen wurde. Seine in direkter Linie von Demokrit und Epikur abstammende Denkweise blieb der allgemeinen Öffentlichkeit jahrhundertelang verborgen. Das Christentum betont Leid und Opferbereitschaft und nicht das eigene Wohlergehen oder das anderer Leute, den interesselosen Glauben und nicht die skeptische Erforschung, weshalb es Lukrez wohl nur für eine betäubende Ablenkung gehalten hätte. Erst im siebzehnten Jahrhundert lockerte sich die Macht des Christentums über die Menschen, auch wenn man damals, zur Zeit des Dreißigjährigen Krieges, wegen theologischer Differenzen immer wieder in eine Raserei des Tötens verfiel. »Nur die Religion«, schrieb Lukrez in *De Rerum Natura* anlässlich eines anderen Konflikts, »kann derart Übles hervorbringen.«

Die langsame Weiterentwicklung des Handels und der Spezialisierung, die Adam Smith so gut beschrieb, befreite die Menschheit von der Last ständiger Arbeit und gewährte ihr – zumindest einigen wenigen Privilegierten – den Luxus der Einsamkeit. Erfreulich ist, dass ihre Zahl – *unsere* Zahl – im Laufe der Jahrhunderte zugenommen hat. Nur im Luxus der Einsamkeit kann man sich der Entdeckung des Ichs hingeben, kann, wie Flaubert im selben Brief in Bezug auf Lukrez schrieb, »der Beständigkeit des nachdenklichen Blicks« frönen. Im Beisein eines eifersüchtigen Gottes aber gibt es solche Einsamkeit nicht, letztlich auch keinerlei Privatsphäre. Was natürlich nicht besagen soll, dass Gläubige ein minderes Ich ausbilden als andere Menschen, vielmehr will ich sagen, dass die literarische Tradition religiöser Kontemplation und jener Predigten, wie sie im siebzehnten und achtzehnten Jahrhundert so häufig publiziert wurden, einer erblühenden Individualität wie bei Pepys und Boswell nicht gerade förderlich war – zugegebenermaßen beides Männer von nur geringer Demut.

Was den Protestantismus betrifft: Der essentielle Pluralismus des Romans, seine rücksichtslosen Freiheiten und Sympathien sowie die ästhetische Schwierigkeit, einen Deux ex Machina plausibel ins Narrativ einzubinden, machen ihn zu einer vorrangig säkularen Form. So ist etwa Graham Greene dann am schwächsten (am absurdesten, würde manch einer sagen), wenn er Gott erlaubt, wie in *Das Ende einer Affäre,* die Kontrolle über seine Handlung zu übernehmen.

Montaigne begnügte sich damit, sein epikurisches Leben im Schutze des Katholizismus zu führen. Theologische Gewissenserforschung verabscheute er. Will man in Shakespeares drei Dutzend Theaterstücken ein explizites, ausführliches Eintreten für ein spezifisch christliches Dogma finden, muss man lange suchen – Jesus oder auch Maria werden nur selten erwähnt. Pepys und Boswell hingen im traditionellen Sinne dem Anglikanismus an, dessen Glaubensgrundsätze aber ihr Denken oder gar ihr Verhalten kaum beeinflussten. Diese meine früh erblühten Margeriten waren also im Grunde weltliche Geister; und alle vier, behaupte ich, waren Adepten des guten Lebens. Nur im Vorchristentum oder in der Moderne konnten sie erblühen.

Im intellektuellen Bollwerk des Westens sind wir heute mehrheitlich gottlos; und ob es uns gefällt oder nicht, wir wurden vorwiegend durch Varianten des philosophischen Materialismus zu Erben der Tradition eines Demokrit, Epikur oder Lukrez. Selbst jene, die nichts auf die Wissenschaft geben, haben von ihrer Weltsicht mehr übernommen, als sie sich vermutlich eingestehen möchten. Das siebzehnte und achtzehnte Jahrhundert, als Philosophie und Wissenschaft noch eins waren, brachte meiner Meinung nach die große, allmähliche Wende.

Seither hat sich das Bewusstsein der eigenen Individualität weit verbreitet, auch wenn es nicht unbedingt gewachsen ist. Sonderliche Fortschritte haben wir in Sachen »kenne dich selbst« jedenfalls nicht erzielt. Wir mögen uns unserer Individualität kollektiv bewusst sein, doch bleibt die Hilflosigkeit angesichts von Ereignissen, die wir kollektiv in Gang gesetzt haben. Unsere Literatur aber, um noch einmal auf Bob Dylan zurückzukommen, setzt jenen Prozess fort, in dessen Verlauf wir uns selbst eine Standpauke halten.

Auch wenn wir das Hirn mit dem Geist gleichsetzen, erstaunt uns, dass das Bewusstsein der eigenen Individualität aus bloßer Materie und Selbstdarstellung entstehen konnte und dass dieses Bewusstsein nicht Ursache, sondern Produkt unseres Denkens ist. Zumindest im europäischen Westen sind die meisten von uns in jenen Freiraum zurückgekehrt, den Flaubert näher benannte, als er von der Zeit nach dem Tod der römischen Götter und vor der Ankunft Christi sprach. Wir sind beides zugleich: einer tröstlichen Gottheit beraubt und von deren Geboten befreit. Dadurch wird unsere Zeit nicht einfacher, aber interessanter. Wir können uns massenhaft an Touristenplätzen wie dem Parthenon versammeln, Handys für die »Selfies« in der Hand; innerhalb der zeitgenössischen Bewegung der Identitätspolitik und sexuellen Präferenz sollten wir jedenfalls die Höflichkeit aufbringen, Menschen sein zu lassen, wer und wie sie immer sein mögen, denn letztlich bleiben wir, wir alle, allein mit dem Problem der Individualität, unserem Ich, wenn wir uns, wie Hamlet, fragen: »Was ist mir diese Quintessenz von Staube?«[*]

Vortrag im September 2019 in Athen

[*] Shakespeare: *Hamlet*. 2. Akt, 2. Szene

Endzeitstimmung

Seit 1839 ist der weltweite Bestand an Fotografien immer rascher, gleich einer borgesischen Bibliothek, zu einer schier unendlichen Bilderflut angeschwollen. Diese betörende Technik ist nun schon so lange ein Teil unseres Lebens, dass wir beim Anblick einer Szene mit vielen Menschen, einer belebten Straße, sagen wir, Ende des 19. Jahrhunderts mit Sicherheit wissen, dass jede einzelne Figur tot ist. Nicht nur das junge Paar, das am Gitterzaun eines Parks verweilt, sondern auch das Kind mit Reifen und Stock, das steife Kindermädchen, das feierliche Baby, aufrecht in seinem Wägelchen; ihrer aller Leben ist dahin. Und doch, in Sepia erstarrt, scheinen sie sich seltsam eifrig dem Wissen zu verschließen, dass sie sterben müssen – oder wie Susan Sontag sagt: »Fotografien konstatieren die Unschuld, die Verletzlichkeit der Leben, die ihrer eigenen Vernichtung entgegengehen …«[*]

[*] Susan Sontag: *Über Fotografie*. Frankfurt am Main, 1980, S. 72 f. Übersetzt von Mark W. Rien und Gertrud Baruch

»›Fotografie heißt, die Sterblichkeit inventarisieren. Ein Fingerdruck genügte, um dem Augenblick gleichsam eine postume Ironie zu verleihen. Fotos zeigen Menschen, so unwiderruflich *gegenwärtig* und zu einem bestimmten Zeitpunkt ihres Lebens; sie stellen Personen und Dinge nebeneinander, die einen Augenblick später wieder getrennt waren, sich verändert hatten und ihr eigenes Schicksal weiterlebten.«[*]

Einer Fotografie von uns allen, hier in diesem Hörsaal versammelt, könnte es eines Tages genauso ergehen. Stellen Sie sich vor, wir würden in zweihundert Jahren auf einer alten Fotografie von einem künftigen Betrachter zerstreut angeschaut: Seltsam altmodisch erschienen wir ihm, völlig in Anspruch genommen von der augenscheinlichen Bedeutung unserer Bestrebungen, nichtsahnend im Hinblick auf Datum und Art unseres unausweichlichen Schicksals und schon lange tot. Schon lange tot, ausnahmslos.

Wir sind Betrachtungen unserer individuellen Sterblichkeit wahrlich gewohnt – sie ist die gestaltende Kraft in der Erzählung unserer Existenz. In

[*] ebd.

der Kindheit taucht sie als verwirrende Tatsache auf, meldet sich in der Jugend möglicherweise zurück als tragische Realität, die alle um uns her zu leugnen scheinen, verblasst dann vielleicht in der Geschäftigkeit der mittleren Jahre, um in einem alarmierenden Anfall plötzlicher Schlaflosigkeit zurückzukehren. Eine der bedeutendsten weltlichen Meditationen über den Tod ist Larkins *Aubade:*

> »Der sicheren Auslöschung, der wir
>   entgegengehn
> Und darin wir verloren sind, für immer.
>   Nicht hier mehr sein,
> Nicht irgendwo sein,
> Das bald; nichts, schrecklicher, nichts
>   wahrer.«[*]

Wir befassen uns mit unserer Sterblichkeit im privaten Gespräch, in der vertrauten Tröstung der Religion – »der riesige, mottenzerfressene musikalische Brokat«, meinte Larkin, »erdacht, uns vorzugaukeln, dass wir niemals sterben«. Und wir erleben sie als kreative Spannung, als produktives

[*] Horst Meller und Klaus Reichert (Hg.): *Englische und amerikanische Dichtung, Bd. 3. Von R. Browning bis Heaney.* München, 2001, S. 351

Paradox in unserer Literatur und Kunst: Was abgebildet, geliebt oder gepriesen wird, kann nicht von Dauer sein, das Werk muss seinen Schöpfer überleben. Jedenfalls ist Larkin tot. Wenn wir nicht gerade zu einem gut organisierten Selbstmord entschlossen sind, können wir das Datum unseres Ablebens nicht kennen, wir wissen aber, dass das Datum in ein bestimmtes Zeitfenster des biologisch Möglichen fallen muss, das sich, während wir altern, zunehmend verengt, bis es zum Schlusspunkt wird.

Art und Zeitpunkt unseres *kollektiven* Ablebens zu schätzen, nicht die Anwesenden in einem Hörsaal, sondern das Ende der Zivilisation, des ganzen menschlichen Projekts, ist noch schwieriger – es könnte in den nächsten hundert Jahren passieren oder in den nächsten zweitausend nicht passieren oder mit unmerklicher Langsamkeit passieren, ein Wimmern nur, kein Knall. Die fossilen Funde zeigen uns, das die überwältigende Mehrheit der Arten ausgestorben ist. Doch aus dieser Unerforschlichkeit erwuchs häufig unumstößliche Gewissheit bezüglich des nahenden Endes. Ihre ganze Geschichte hindurch haben sich die Menschen von Erzählungen faszinieren lassen, die das Datum und die Art unserer vollständigen Vernichtung vorhersagten, häufig mit Sinn unterlegt durch die Vorstellung göttlicher Strafe und letztlich gewährter Erlösung; das Ende des Lebens auf Erden, das Ende oder die letzten Tage, Endzeit, die Apokalypse.

Viele dieser Geschichten sind äußerst eingehende Darstellungen der Zukunft und werden inbrünstig geglaubt. Allen zeitgenössischen apokalyptischen Bewegungen, ob christlich oder islamisch, gewaltbereit oder nicht, scheinen Phantasien von einem gewaltsamen Ende gemeinsam zu sein, und sie haben weitreichenden Einfluss auf unsere Politik. Die apokalyptische Geisteshaltung kann zur Dämonisierung neigen – das heißt, es gibt andere Gruppen, andere Glaubensgemeinschaften, die sie verachtet, weil sie falsche Götter anbeten, und diese Gläubigen werden natürlich nicht vor dem Höllenfeuer errettet. Ferner neigt die apokalyptische Geisteshaltung zum Totalitarismus – mit anderen Worten, es sind geschlossene, allumfassende Ideengebäude, die sich auf den hingebungsvollen Glauben an das Übernatürliche gründen, resistent gegen Beweise oder ihr Fehlen und gut geschützt gegen die Auswirkungen neuer Daten. Folglich kommt es zu Augenblicken von ungewolltem Pathos, sogar unbeabsichtigter Komik – und vielleicht wird ein Stück unseres Wesens offenbart –, da die Zukunft ständig umgeschrieben, neue Antichristen, neue Tiere, neue Babylons, neue Huren ausgemacht und die alten Datierungen von Weltuntergang und Erlösung rasch durch die nächste ersetzt werden müssen.

Wer sich auch nur oberflächlich mit der christlichen Apokalypse beschäftigt hat, kommt am Werk von Norman Cohn nicht vorbei. Seine maßgebliche Studie *Die Sehnsucht nach dem Millenium* erschien vor fünfzig Jahren und ist seither immer wieder aufgelegt worden. Cohen untersucht darin eine Reihe von Endzeitbewegungen, die sich zwischen dem elften und sechzehnten Jahrhundert in ganz Nordeuropa ausbreiteten. Diese Sekten, meist von der Symbolik in der Offenbarung des Johannes angeregt und in der Regel von einem charismatischen Propheten aus der Schicht der Handwerker oder Besitzlosen angeführt, waren besessen von der Vorstellung des nahen Endes und der anschließenden Errichtung des Reichs Gottes auf Erden. Zur Vorbereitung darauf hielt man es für notwendig, Juden, Priester und Großgrundbesitzer totzuschlagen. Fanatische Haufen Zehntausender unterdrückter, oft hungernder und heimatloser Menschen zogen von Stadt zu Stadt, voll wilder Hoffnungen und mörderischer Absichten. Die geistliche und weltliche Obrigkeit schlug den Aufruhr dieser Horden mit grausamer Gewalt nieder. Einige Jahre oder eine Generation später erhob sich eine neue Gruppe mit neuem Führer und leicht verändertem Programm. Vergessen wir nicht, dass der verelendete Pöbelhaufen, der den Rittern der ersten Kreuzzüge folgte, seine Reise damit begann, dass er die Juden am Oberrhein zu Tausenden erschlug. Wenn fundamentalistische Muslime heute ihre Verwünschungsformeln gegen »Juden und Kreuzfahrer« ausstoßen, sollten sie sich lieber daran erinnern, dass Judentum und Islam beide Opfer der Kreuzfahrer wurden.

Doch was dem Leser von Cohns Buch auffällt, sind die gemeinsamen Stränge, die sich durch das apokalyptische Denken des Mittelalters und der Gegenwart ziehen. Erstens und ganz allgemein die Unerschütterlichkeit der Endzeitprophezeiungen – seit fünfhundert Jahren wird das Datum immer und immer wieder verkündet, nichts geschieht, und doch lässt sich niemand davon abhalten, ein neues Datum zu setzen. Zweitens, die Offenbarung des Johannes wurde zum Ursprung einer literarischen Tradition, die im mittelalterlichen Europa den aus dem Judentum stammenden Glauben an die göttliche Erwählung lebendig hielt. Auch Christen konnten jetzt das Auserwählte Volk, die Geretteten oder Auserkorenen sein, und kein Maß an offizieller Repression vermochte die faszinierende Wirkung dieser Vorstellung auf die Zukurzgekommenen und Gestörten zu schmälern. Drittens zeichnet sich die Gestalt eines gewöhnlichen Sterblichen ab, scheinbar tugendhaft, zu Ansehen gelangt, in Wahrheit aber von verführerischem, satanischem Wesen – der Antichrist, die Rolle, die in den fünf von Cohn untersuchten Jahrhunderten, wie auch heute häufig noch, dem Papst zufiel.

Und schließlich die grenzenlose Anwendbarkeit, die nie erlahmende Wirkung und Faszination der Offenbarung selbst, des zentralen Textes des apokalyptischen Glaubens. Als Christoph Kolumbus Amerika erreichte und auf den Bahamas an Land ging, glaubte er, er habe das in der Offenbarung des Johannes versprochene irdische Paradies gefunden – es sei ihm bestimmt gewesen, es zu finden. Er wähnte sich eingespannt in Gottes Plan für das Tausendjährige Reich auf Erden. Der Forscher Daniel Wojcik zitiert aus Kolumbus' Tagebuch der ersten Reise: »Gott machte mich zum Boten des neuen Himmels und der Erde ... die er geschaffen, wie der heilige Johannes in der Offenbarung schrieb ... und zeigte mir den Weg.«[*]

Fünf Jahrhunderte später können die Vereinigten Staaten, weltweit für mehr als vier Fünftel der wissenschaftlichen Forschung verantwortlich und

[*] Christoph Kolumbus, zitiert in: Georg Jochum: »*Plus Ultra*« oder *die Erfindung der Moderne*. Bielefeld, 2017, S. 231

noch immer ein Land des Überflusses, der Welt eine Fülle von Meinungsumfragen zu religiösen Überzeugungen präsentieren. Es ist das alte Lied: Die große Mehrheit der Amerikaner gibt an, sie hätte nie an der Existenz Gottes gezweifelt und sei sich sicher, dass sie für ihre Sünden zur Rechenschaft gezogen würde. Mehr als die Hälfte sind Kreationisten, die glauben, der Kosmos sei sechstausend Jahre alt, und die sich sicher sind, dass Jesus innerhalb der nächsten fünfzig Jahre wiederkehren wird, um über die Lebenden und die Toten zu richten. Nur zwölf Prozent glauben, das Leben auf der Erde habe sich durch natürliche Selektion ohne Intervention einer übernatürlichen Instanz entwickelt.

Der Glaube an die biblische Endzeitprophezeiung – an eine Welt, die, durch die Katastrophe erst geläutert und dann erlöst, vollkommen christlich und konfliktfrei wird durch die Wiederkehr Jesu zu unseren Lebzeiten – ist in den Vereinigten Staaten generell ausgeprägter als irgendwo sonst auf der Erde und reicht von wirtschaftlich benachteiligten Randgruppen mit niedrigem Bildungsstand über Millionen von Menschen mit College-Abschluss bis hinauf zu den regierenden Eliten, den höchsten Gipfeln der Macht. Der Sozialwissenschaftler John Wiley Nelson nennt apokalyptische Vorstellungen »so amerikanisch wie Hotdogs«. Wojcik erinnert uns an die Welle der Besorgnis, die im April 1984 um die Welt lief, als Präsident Reagan bekannte, er habe großes Interesse an der biblischen Weissagung, dass Harmagedon unmittelbar bevorstehe.

Für den säkularen Verstand geht von diesen Umfrageergebnissen ein verführerischer Schock, ein gewisser Kitzel aus – aus atheistischer Sicht fast eine Art von Pornographie. Doch vielleicht sollten wir hier Vorbehalt anmelden, bevor wir fortfahren. Zunächst einmal weisen sie enorme Unterschiede auf – die neunzig Prozent einer Erhebung sind die dreiundfünfzig einer anderen. Was hat es aus Sicht eines Befragten für einen Vorteil, gegenüber einem vollkommen Fremden mit Klemmbrett in der Hand die Existenz Gottes kategorisch in Abrede zu stellen? Und die Leute, die den Meinungsforschern mitteilen, ihrer Ansicht nach sei die Bibel das buchstäbliche Wort Gottes, von dem sich alle wirklich sittlichen Gebote herleiten, dürften dabei eher Liebe, Mitgefühl und Vergebung in Sinn haben als Sklavenhaltung, ethnische Säuberung, Kinder- und Völkermord – all die Dinge, die der eifersüchtige Gott des Alten Testaments im Laufe der Zeit verlangte.

Ferner ist der Verstand zu listiger Abschottung

fähig; eben noch glaubt jemand fest an die Prophezeiung, er werde demnächst Harmagedon erleben, und im nächsten Augenblick greift er zum Telefon, um sich nach einem Sparfonds für die Ausbildung seiner Enkelkinder zu erkundigen oder die langfristigen Maßnahmen zur Verringerung der globalen Erwärmung gutzuheißen. Oder er wählt sogar die Demokraten wie viele bibelgläubige Hispanoamerikaner. In Pennsylvania, Kansas und Ohio erteilten die Gerichte den Vertretern von Intelligent Design vernichtende Absagen, und Wähler warfen Kreationisten aus Schulausschüssen. In einem berühmten Prozess, in dem es um den Schulbezirk Dover ging, fällte der von Bush ernannte Richter John Jones III. ein Urteil, das nicht nur das Ansinnen, übernatürliche Ideen im naturwissenschaftlichen Unterricht zu verbreiten, vehement abschmetterte, sondern auch eine elegante, hinreißende Zusammenfassung des naturwissenschaftlichen Projekts im Allgemeinen und der natürlichen Selektion im Besonderen war – ein entschiedenes Bekenntnis zu den vernunftbestimmten Werten der Aufklärung, die der Verfassung zugrunde liegen.

Und doch besitzt die Offenbarung des Johannes, das letzte Buch der Bibel und vielleicht ihr merkwürdigstes, auf jeden Fall ihr unheimlichstes, in den Vereinigten Staaten heute noch die gleiche Bedeutung wie einst im mittelalterlichen Europa. Das Buch ist auch als *Apokalypse* bekannt – ein Wort, das aus dem Griechischen kommt und »Offenbarung« heißt. Apokalypse, heute zum Synonym für »Katastrophe« geworden, bezeichnet eigentlich die literarische Form, in der jemand beschreibt, was ihm durch ein übernatürliches Wesen offenbart wurde. Solche Weissagungen haben eine lange Tradition im Judentum; zwischen dem zweiten vorchristlichen und dem ersten christlichen Jahrhundert gab es Hunderte, wenn nicht Tausende von Sehern wie Johannes von Patmos. Vielen anderen christlichen Apokalypsen wurde im zweiten christlichen Jahrhundert die kanonische Autorität entzogen. Die Offenbarung des Johannes überlebte höchstwahrscheinlich, weil ihr Verfasser mit Johannes, dem Lieblingsjünger, verwechselt wurde. Es lassen sich interessante Vermutungen darüber anstellen, wie anders die Geschichte des mittelalterlichen Europas – und die Religionsgeschichte in Europa und den Vereinigten Staaten – wohl verlaufen wäre, hätte man auch die Offenbarung des Johannes, wie beinahe geschehen, in der heute bekannten Form aus der Bibel entfernt.

Nach einhelliger Meinung der Forschung entstand die Offenbarung 95 oder 96 n. Chr. Wenig ist über den Verfasser bekannt, außer dass er mit Sicherheit nicht der Apostel Johannes ist. Der Schreibanlass scheint die Christenverfolgung unter dem römischen Kaiser Domitian gewesen zu sein. Das war nur eine Generation, bevor die Römer den Zweiten Tempel geplündert hatten, weshalb sie mit den Babyloniern gleichgesetzt werden, die den Ersten Tempel Jahrhunderte zuvor zerstört hatten. Der Zweck des Ganzen war vermutlich, den Gläubigen Hoffnung und Trost durch die Gewissheit zu geben, dass ihre Not ein Ende habe, dass das Reich Gottes kommen werde. In der Nachfolge des einflussreichen Historikers Joachim von Fiore aus dem zwölften Jahrhundert wurde die Offenbarung, obwohl je nach Überlieferung allerdings mehr oder weniger komplex, als ein Überblick über die menschliche Geschichte verstanden, in deren letzter Phase wir uns gegenwärtig befinden; für viele aber ist sie, und das ist für die Vereinigten Staaten der Nachkriegszeit besonders relevant, eine Schilderung dieser letzten Tage. Jahrhundertelang setzte man den Antichrist in der protestantischen Tradition mit dem Papst oder der katholischen Kirche im Allgemeinen gleich. In den letzten Jahrzehnten wurde diese Ehre der Sowjetunion, der Europäischen Union oder dem Antiklerikalismus und den Atheisten zuteil. Für viele auf die Endzeit fixierten

Dispensationalisten sind die internationalen Friedensstifter, die die Entscheidungsschlacht hinauszuschieben drohen, indem sie unter den Nationen Eintracht stiften – die Vereinten Nationen, der Weltkirchenrat –, satanische Kräfte.

Die Personen oder Inhalte der Offenbarung sind in ihren zeitgenössischen Darstellungen grellbunt wie Computerspiele für Kinder – Erdbeben und Feuersbrünste, feurige Schlachtrosse und ihre Reiter, Engel, die aus Leibeskräften in Posaunen blasen, Zauberschalen, Isebel, ein roter Drachen und andere mythische Tiere und eine Frau in Purpur und Scharlach, die Hure von Babylon. Ein weiterer vertrauter Aspekt ist die Macht der Zahlen – jeweils sieben Siegel, Tierköpfe, Leuchter, Sterne, Lampen, Posaunen, Engel und Schalen; dann vier Reiter, vier Tiere mit sieben Köpfen, zehn Hörnern, zehn Kronen, vierundzwanzig Älteste, zwölf Stämme mit zwölftausend Mitgliedern … Und schließlich, am nachhaltigsten, weil neunzehn Jahrhunderte lang der Ursprung verworrenen Unsinns: »Hier ist Weisheit! Wer Verstand hat, der überlege die Zahl des Tieres; denn es ist die Zahl eines Menschen, und seine Zahl ist sechshundertsechsundsechzig.«[*]

[*] Die Offenbarung des Johannes, 13, 18. Lutherbibel 2017

Für viele Menschen ist 666 randvoll mit Bedeutung. Im Internet wimmelt es von furchtsamen Spekulationen über Supermarkt-Strichcodes, implantierte Chips und Zahlenschlüssel für die Namen von führenden Politikern der Welt. Doch die älteste dokumentierte Version dieser bekannten Bibelstelle – aus der Grabungsstätte Oxyrhynchus – gibt die Zahl, wie auch die Zürcher Bibel, mit 616 an. Ich habe den Eindruck, dass jede Zahl diesen Zweck erfüllen würde. In der Weissagungsarithmetik sind die Sehnsüchte eines systematisierenden Denkens ohne jene wissenschaftlich-empirische Basis zu spüren, die viele Jahrhunderte später diesen menschlichen Strebungen ihren fruchtbaren Ausdruck verleihen sollte. Einen ähnlichen Eindruck vermittelt die Astrologie: Zahlenobsessionen, die sich in sinnloser Leere entfalten.

Doch die Offenbarung hat in einem Zeitalter der Technik und Skepsis überdauert. Nicht viele Werke der Literatur, noch nicht einmal Homers *Odyssee,* können sich eines so breiten Interesses über einen so langen Zeitraum rühmen. Ein bekanntes Beispiel für diese robuste Langlebigkeit liefert William Miller, ein Farmer aus dem neunzehnten Jahrhundert, der zum Propheten wurde und eine Reihe komplizierter Berechnungen anstellte, wobei er sich auf eine Zeile des Buchs Daniel stützte: »Bis zweitausenddreihundert Abende und Morgen vergangen sind; dann wird das Heiligtum wieder sein Recht erhalten.«* Nachdem er diese Äußerung aus verschiedenen Gründen auf das Jahr 457 v. Chr. datiert und einen prophetischen Tag als ein Jahr gezählt hatte, gelangte Miller zu dem Schluss, dass die letzten Tage 1843 anbrechen würden. Einige Anhänger von Miller rechneten genauer nach und kamen auf den 22. Oktober. Als dieser Tag ereignislos verstrich, wurde das Jahr umgehend auf 1844 revidiert, da es das Jahr null zu berücksichtigen galt. Zu Tausenden strömten die gläubigen Milleriten (Adventisten) zusammen, um die Wiederkehr zu erwarten. Selbst wenn man ihren Glauben nicht teilt, kann man die schreckliche Enttäuschung sehr gut nachvollziehen. Ein Augenzeuge schrieb:

»[Wir] erwarteten zuversichtlich, Jesus Christus und mit ihm all die heiligen Engel zu erblicken … und dass unsere Prüfungen und Leiden auf unserer irdischen Pilgerfahrt ein Ende haben und dass wir darauf gefasst sein sollten, unserem wiederkehrenden Herrn zu begegnen … und so hielten wir Ausschau nach unserem wiederkehrenden Herrn, bis die Glocke

* Daniel, 8,14, ebd.

zwölfmal zur Mitternacht schlug. Damit war der Tag verstrichen und unsere Enttäuschung zur Gewissheit geworden. Unsere kühnsten Hoffnungen und Erwartungen hatten sich zerschlagen, da überkamen uns die Tränen mit einer Macht, wie ich sie noch nie erlebt hatte. Es schien, als wäre der Verlust all unserer irdischen Freunde nicht damit zu vergleichen. Wir weinten und weinten, bis der Tag dämmerte.«*

Unter anderem ließ sich mit der Ernüchterung fertigwerden, indem man ihr einen Titel gab: die Große Enttäuschung, zu Recht mit einem großen G. Wichtiger noch, am Tag nach der Großen Enttäuschung, so in Kenneth Newports eindrucksvollem Bericht über die Waco-Belagerung, wurde Hiram Edson, einem Milleritenführer in Port Gibson, New York, auf einem einsamen Spaziergang unvermittelt eine Offenbarung zuteil: Wenn es hieß, dass »das Heiligtum wieder geweiht« würde, so waren damit nicht Ereignisse auf Erden, sondern im Himmel gemeint. Jesus hatte seinen Platz im himmlischen Allerheiligsten eingenommen. Das Datum war die ganze Zeit richtig gewesen, nur den

* Sofern eine Quelle bzw. deren Übersetzung nicht nachgewiesen ist, handelt es sich um eine eigene Übersetzung. (Anmerkung des Übersetzers)

Ort hatten sie falsch verstanden. Dieser »Genie-streich«, wie Newport es nennt, dieser »theologi-sche Rettungsanker« verlegte die ganze Angele-genheit in einen Bereich, der jeder Widerlegung entzogen war. Die Große Enttäuschung war er-klärt, und viele Milleriten wurden, ungebrochene Hoffnung im Herzen, in die Anfänge der Sieben-ten-Tags-Adventisten einbezogen – die eine der er-folgreichsten Kirchen der Vereinigten Staaten wer-den sollte.

Am Rande sei auf die Parallelen zwischen dieser Kirche und den von Cohn beschriebenen mittel-alterlichen Sekten hingewiesen – der starke Nach-druck auf der Offenbarung des Johannes, die dro-hende Nähe des Endes, die strikte Trennung zwischen den gläubigen »Übrigen«, die den Sabbat einhalten, und den Reihen der »Gefallenen«, den Anhängern des Antichristen, gleichgesetzt mit dem Papst, dessen Titel *Vicarius Filii Dei* (Stellvertreter des Gottessohns) anscheinend den Zahlenwert 666 aufweist.

Hiram Edsons Geniestreich am Morgen danach habe ich erwähnt, um die Anpassungs- und Wider-standsfähigkeit des Endzeitdenkens zu demons-trieren. Seit Jahrhunderten erwartet es das Ende »in Bälde« – wenn nicht in der nächsten Woche, dann doch in den nächsten ein oder zwei Jahren. Das

Ende ist nicht gekommen, doch das bringt niemanden länger aus der Fassung. Neue Propheten und, bald darauf, eine neue Generation machen sich an die Berechnungen und verstehen es stets so einzurichten, dass das Ende noch zu ihren Lebzeiten droht. Bestsellerautoren wie Hal Lindsey weissagten das Ende der Welt die ganzen siebziger, achtziger und neunziger Jahre hindurch – und heute boomt das Geschäft wie nie. Man giert nach diesen Neuigkeiten. Vielleicht wird hier etwas von unserer Natur sichtbar, von unseren tiefverwurzelten Zeitbegriffen, von unserer Bedeutungslosigkeit angesichts der beängstigenden Unermesslichkeit der Ewigkeit oder des Alters des Universums – nach menschlichen Maßstäben kaum ein Unterschied. Wir brauchen eine Fabel, eine Erzählung, um unsere Bedeutungslosigkeit im Fluss der Dinge einzudämmen.

In seinem Buch *In The Sense of an Ending* vertritt Frank Kermode die Ansicht, dass die anhaltende Bedeutung, die unverminderte Lebendigkeit der Offenbarung des Johannes auf eine »Übereinstimmung mit unserem naiven Bedürfnis nach Fiktion« schließen lasse. Wir werden geboren, wie wir sterben: inmitten der Dinge – *in the middest*. Um unserer Lebensspanne einen Sinn zu geben, brauchen wir, wie er sagt: »… fiktive Übereinstimmungen mit dem Ursprung und dem Ende. ›Das Ende‹ in der überhöhten Bedeutung, wie wir es uns vorstellen, spiegelt unsere irreduziblen zwischenzeitlichen Erwartungen wider.« Was könnte uns mit mehr Bedeutung gegen den Abgrund der Zeit ausstatten als die Gleichsetzung unseres eigenen Dahinscheidens mit der läuternden Vernichtung all dessen, was ist. Beifällig zitiert Kermode Wallace Stevens: »Es gehört zu den Eigenheiten der Phantasie, dass sie sich immer am Ende einer Epoche entzündet.« Selbst unser Dekadenzbegriff enthält die Hoffnung auf Erneuerung; ob religiös oder vollkommen weltlich, niemand konnte umhin, den Übergang zum Jahr 2000 als ein höchst bedeutsames Ereignis zu betrachten, auch wenn die Atheisten noch ein bisschen ausgelassener feierten. Es war unvermeidlich ein Übergang, der Übertritt aus einem alten Zeitalter in ein neues – und Osama bin Laden hat uns weiß Gott nicht enttäuscht, ob wir nun beim Anbruch des neuen Jahrtausends in den Ruinen von Lower Manhattan trauerten oder, wie es einige taten, in Ostjerusalem vor Freude tanzten.

Von Beginn an ging die islamische Eschatologie von der Notwendigkeit aus, vor der erwarteten Stunde des Gerichts die Welt gewaltsam zu erobern und dem Glauben Seelen zu gewinnen – eine Vorstellung, die im Laufe der Jahrhunderte ein Auf und Ab erlebte, aber in den letzten Jahrzehnten neue Impulse durch die islamistische Wiedererweckungsbewegung erhielt. Zum Teil ist sie ein Spiegelbild der protestantischen Tradition des Christentums (eine restlos zum Islam bekehrte Welt, mit Jesus als Mohammeds Stellvertreter), zum anderen Teil eine Phantasie von der unumgänglichen Wiederkehr des »heiligen Raums«, des Kalifats, das den größten Teil Spaniens, Teile von Frankreich und den gesamten Mittleren Osten bis zu den Grenzen Chinas umfasst. Und wie das christliche Programm weissagt auch der Islam die Vernichtung oder Bekehrung der Juden.

Im Judentum ist der Weissagungsglaube, die ursprüngliche Quelle sowohl für die islamische wie die christliche Eschatologie, überraschend schwach – vielleicht ist eine gewisse Ironie, die die Beziehung zwischen den Juden und ihrem Gott prägt, dem Endzeitglauben nicht zuträglich, aber er lebt recht kraftvoll fort in der Lubawitscher Bewegung, in verschiedenen israelischen Siedlergruppen und ist natürlich von zentraler Bedeutung für die religiös begründeten Ansprüche auf umstrittene Gebiete.

Wir sollten jüngere apokalyptische Überzeugungen nicht unerwähnt lassen – die Gewissheit, dass die Welt rettungslos zum Untergang verurteilt ist durch nuklearen Schlagabtausch, Virusepidemien, Meteoriten, Bevölkerungswachstum oder Umweltbelastung. Soweit diese Katastrophen als bloße Möglichkeiten in einer ungewissen Zukunft prognostiziert werden, die sich durch vernünftiges menschliches Handeln abwenden lassen, können wir sie nicht als apokalyptisch ansehen. Sie sind bedrohlich, sie rufen zum Handeln auf. Doch wenn sie als unabänderliche Ergebnisse schicksalhafter geschichtlicher Kräfte oder angeborener menschlicher Unzulänglichkeiten hingestellt werden, haben sie viel mit ihren religiösen Pendants gemein – auch wenn ihnen der Drang zur Dämonisierung, Säuberung, Erlösung abgeht und jene Art übernatürlicher Aufsichtsinstanz fehlt, die einem Massensterben positiven Sinn und Zweck verleihen kann. Offensichtlich sind beide Lager fatalistisch und beide intensiv mit dem nuklearen Holocaust befasst, der für die Weissagungsgläubigen in der Rückschau einige Bibelstellen erklärt, die einst unverständlich erschienen. Hal Lindsey, bekanntester Propagandist des apokalyptischen Denkens in Amerika, schreibt:

»Sacharja 14,12 weissagt: ›Ihr Fleisch lässt er verwesen, während sie noch auf ihren Füßen stehen, und ihre Augen werden in ihren Höhlen verwesen und ihre Zungen werden in ihrem Mund verwesen.‹ Seit Hunderten von Jahren fragen sich Bibelforscher, was für eine Plage wohl Menschen so rasch, während sie noch auf ihren Füßen sind, zugrunde richten könnte. Bis zur Entwicklung der Atombombe hielt man so etwas nicht für menschenmöglich. Doch heute könnte alles, was Sacharja geweissagt hat, in einem thermonuklearen Schlagabtausch wahr werden!«[*]

Zwei weitere Bewegungen, mittlerweile glücklicherweise besiegt beziehungsweise in sich zusammengefallen, liefern eine weitere Verbindung zwischen religiöser und säkularer Apokalypse – so Norman Cohn auf den letzten Seiten seines Werks *Die Sehnsucht nach dem Millenium*. Die genozidäre Tendenz der apokalyptischen Bewegungen des Mittelalters ging ab 1500 zurück. Ausgeprägter Endzeitglaube setzte sich natürlich fort in den puritanischen und calvinistischen Bewegungen, bei den Milleriten, wie wir gesehen haben, in der amerikanischen Gro-

[*]   Hal Lindsey: *Alter Planet Erde wohin*. Wetzlar, 1971

ßen Erweckung, im Mormonismus, bei den Zeugen Jehovas und in der Adventistenbewegung.

Allerdings ging die mörderische Tradition nicht vollkommen verloren. Sie überdauerte die Jahrhunderte in verschiedenen Sekten, verschiedenen Ausschreitungen, um im zwanzigsten Jahrhundert wiederaufzuerstehen – verwandelt, gekräftigt, verweltlicht, aber immer noch erkennbar in dem, was Cohn als das Wesen apokalyptischen Denkens beschreibt:

>»... die gespannte Erwartung eines endgültigen Entscheidungskampfes, in dem eine Welttyrannei von einem ›auserwählten Volk‹ gestürzt und durch den die Welt erneuert sowie die Geschichte vollendet wird. Der Wille Gottes wurde im zwanzigsten Jahrhundert zwar in den Willen der Geschichte verwandelt, doch die entscheidende Forderung blieb, wie sie heute noch besteht: die Läuterung der Welt durch die Vernichtung derer, die die Verderbnis verursachen.«*

Die finsteren Phantasien des Nazismus über die Juden hatten viel mit der mörderischen antisemi-

***

* Norman Cohn: *The Pursuit of the Millenium*. E-Book. Pimlico Random House, London, 1993

tischen Dämonologie des Mittelalters gemein. Ein wichtiges zusätzliches Element – aus Russland importiert – waren *Die Protokolle der Weisen von Zion,* eine Fälschung der zaristischen Geheimpolizei aus dem Jahr 1905, die von Hitler und anderen zu einer rassistischen Ideologie überhöht wurde. (Interessanterweise sind die Protokolle als zentraler Text der Islamisten wieder zu Ehren gekommen: Sie werden häufig auf einschlägigen Webseiten zitiert und überall im Mittleren Osten an Straßenständen verkauft.) Das Dritte Reich und sein Traum von der tausendjährigen Herrschaft wurden in einer Art säkularer Usurpation des Endzeitdenkens direkt aus der Offenbarung des Johannes übernommen. Cohn macht uns auf die apokalyptische Sprache in *Mein Kampf* aufmerksam:

»Werden unser Volk und unser Staat das Opfer dieser blut- und geldgierigen jüdischen Völkertyrannen, so sinkt die ganze Erde …; befreit sich Deutschland aus dieser Umklammerung, so darf diese größte Völkergefahr als für die gesamte Welt gebrochen gelten.«*

---

* Adolf Hitler: *Mein Kampf.* Zwei Bände in einem Band. München, 1925–1927, S. 703. [Internet Archive]

Auch im Marxismus sowjetischer Machart entdeckte Cohn eine Fortsetzung der alten Tradition der Endzeitweissagung, des letzten verzweifelten Kampfes, um die Urheber der Verderbnis auszuschalten – dieses Mal die Bourgeoisie, die dem Proletariat erliegen wird, damit der Staat hinfällig werden und das Reich des Friedens anbrechen kann. »Der Kulak … ist bereit, Hunderttausende von Arbeitern zu erwürgen und zu massakrieren … Erbarmungslos müssen wir die Kulaken bekriegen! Tod den Kulaken!«* Das waren Lenins Worte, und sie wurden, wie die Hitlers, zu Taten.

Vor dreißig Jahren hätten wir uns noch einreden können, das zeitgenössische religiös-apokalyptische Denken sei ein harmloses Überbleibsel eines frömmeren, abergläubischen und vorwissenschaftlichen Zeitalters, das sicher hinter uns läge. Doch heute ist der Weissagungsglaube, besonders in den christlichen und islamischen Traditionen, eine Kraft in unserer Zeitgeschichte, ein mittelalterlicher Motor, der unsere modernen moralischen, geopolitischen und militärischen Bestrebungen antreibt. Die verschiedenen eifersüchtigen Himmelsgötter – und sie sind gewiss nicht ein und derselbe Gott –, die sich in der Vergangenheit direkt an

---

* Norman Cohn, ebd.

Abraham, Paulus, Mohammed und andere wandten, sprechen jetzt indirekt durch das Internet und die täglichen Fernsehnachrichten zu uns. Diese verschiedenen Götter haben sich unauflöslich mit unserer Politik und unseren politischen Meinungsverschiedenheiten verflochten.

Unsere weltliche und wissenschaftliche Kultur hat diese unvereinbaren übernatürlichen Gedankensysteme nicht ersetzt oder auch nur in Frage gestellt. Wissenschaftliche Methode, Skepsis oder, ganz allgemein, die Rationalität müssen erst noch eine allumfassende Erzählung von hinreichender Kraft, Schlichtheit und Breitenwirkung finden, um mit den alten Geschichten konkurrieren zu können, die dem Leben der Menschen einen Sinn geben. Die natürliche Selektion ist eine leistungsfähige, elegante und sparsame Theorie zur Erklärung des Lebens auf der Erde in all seiner Vielfalt und birgt vielleicht den Keim zu einem konkurrierenden Schöpfungsmythos, dem die zusätzliche Kraft innewohnen könnte, wahr zu sein – doch sie wartet noch auf ihren inspirierten Popularisierer, ihren Dichter, ihren Milton. Der namhafte amerikanische Biologe E. O. Wilson hat eine von der Religion losgelöste Ethik vorgeschlagen, die stattdessen aus unserer angeborenen, tiefverwurzelten Verbundenheit mit unserer natürlichen Umwelt, der Biophilia, wie er sie nennt, abgeleitet wird – doch ein Mensch allein kann kein Moralsystem entwickeln. Die Naturwissenschaft kann von der Wahrscheinlichkeit sprechen, dass der Meeresspiegel und die weltweiten Temperaturen ansteigen, wobei sie ihre Zahlen fortwährend mit den neuesten Forschungsergebnissen abgleicht, doch in der Frage der menschlichen Zukunft kann sie nicht mit der Schaurigkeit und, vor allem, Sinnhaftigkeit der Weissagungen aus dem Buch Daniel oder der Offenbarung des Johannes mithalten. Vernunft und Mythos haben nun einmal ein gestörtes Verhältnis.

Statt das apokalyptische Denken in Frage zu stellen, hat die Naturwissenschaft es ganz offenkundig gestärkt. Sie hat uns die Möglichkeit an die Hand gegeben, uns und unsere Zivilisation in weniger als zwei Stunden zu vernichten oder in ein paar Tagen einen tödlichen Virus auf der ganzen Erde zu verbreiten. Die schwindelerregende Entwicklung unserer Vernichtungstechnologien und ihre immer größere Verfügbarkeit haben die Möglichkeit geschaffen, dass fanatische Gläubige mit all ihrer jenseitigen Leidenschaft, ihrer frommen Sehnsucht nach dem Anfang vom Ende der Zeiten den uralten Weissagungen zu ihrer Erfüllung verhelfen könnten. Wojcik zitiert aus einem Brief des Schlagersängers Pat Boone an christliche Glaubensgenossen. Offenbar denkt er an einen totalen Atomkrieg:

> »Ich nehme an, es gibt keinen nachdenklichen Christen, der nicht glaubt, dass wir am Ende der Geschichte leben. Ich weiß nicht, wie es euch geht, ich jedenfalls finde es ziemlich aufregend. Stellt euch nur vor, ihr seht den Herrn selbst, wie der Apostel Paulus schrieb, laut rufend vom Himmel herabfahren! Wow! Und die Zeichen, dass es bald geschehen wird, sind überall.«

Wenn Ihnen die Möglichkeit einer vorsätzlichen Nuklearkatastrophe zu pessimistisch, extravagant oder lächerlich erscheint, nehmen Sie den Fall eines anderen, von Pat Boone denkbar verschiedenen Menschen – den des früheren iranischen Präsidenten Ahmadineschad. Seine vielzitierte Äußerung, Israel müsse vollständig vernichtet werden, mag reine Prahlerei von jener Art sein, wie man sie jeden Freitag in Tausenden von Moscheen in aller Welt hören kann. Doch Ahmadineschads Gebaren und seine nuklearen Ambitionen werden deutlich besorgniserregender, wenn wir sie im Zusammenhang mit seinem Endzeitglauben betrachten. In Jamkaran, einem Dorf unweit der heiligen Stadt Qom, wurde während seiner Amtszeit eine kleine Moschee im Auftrag von Ahmadineschads Büro für zwanzig Millionen Dollar ausgebaut. Nach der apokalyptischen Tradition der Schiiten wird die Wiederkehr des zwölften Imam, des Mahdi, der im neunten Jahrhundert verschwand, in einem Brunnen hinter der Moschee erwartet. Sein Erscheinen wird den Anfang vom Ende der Tage bezeichnen. Er wird die Schlacht gegen den Daddschal anführen, die islamische Spielart des Antichristen, und mit Jesus als seinem Jünger den weltweiten Dar es Salaam errichten, die Herrschaft des Friedens unter dem Islam. Ahmadineschad ließ die Moschee zum Empfang des Mahdi ausbauen; bald strömten die Pilger zu Tausenden herbei, um das Heiligtum zu besichtigen, hatte der Präsident seinem Kabinett doch wiederholt erklärt, er erwarte die geweissagte Heimsuchung binnen zwei Jahren.

Wir können auch den berühmten Fall der rötlichen Kuh, der Färse, nehmen. Auf dem Tempelberg in Jerusalem laufen die Endzeitgeschichten von Judentum, Christentum und Islam in einer sich zugleich verschränkenden und ausschließenden Weise zusammen, die sich als äußerst brisant erweisen könnte. Sie lieferten übrigens dem amerikanischen Schriftsteller Bob Stone den Stoff für seinen schönen Roman *Das Jerusalem-Syndrom*. Dabei gilt der erbitterte Streit der Religionen nicht nur der Vergangenheit und Gegenwart, sondern auch und gerade der Zukunft. In einer kurzen Zusammenfassung kann man schwerlich den komplexen Eschatologien gerecht werden, die sich auf diesem 15-Hektar-Flecken drängen. Die Geschichten selbst sind vertraut. Für die Juden ist der Berg – der biblische Berg Moriah – die Stätte des Ersten Tempels, der 586 v. Chr. von Nebukadnezar, und des Zweiten Tempels, der 70 n. Chr. von den Römern zerstört wurde. Nach jüdischer Überlieferung – und von besonderer Bedeutung für die miteinander streitenden Gruppen, einschließlich des Tempelinstituts – wird der Messias, wenn er schließlich kommt, den Dritten Tempel in Besitz nehmen. Der aber kann nicht gebaut werden – so dass auch die Ankunft des Messias unmöglich ist –, bevor nicht eine makellose rötliche Kuh geopfert wird.

Für Muslime ist der Berg natürlich der Standort des Felsendoms, der über der Stätte der beiden Tempel erbaut wurde und die Stelle umschließt, von wo Mohammed zu seiner nächtlichen Himmelsreise aufbrach und wo, als sich sein Pferd nach oben wandte, im felsigen Boden ein Hufabdruck zurückblieb, der als Heiligtum verehrt wird. Nach den Weissagungen wird der Daddschal ein Jude sein, der einen verheerenden Krieg gegen den Islam entfesselt. Jeder Versuch, den Grundstein eines neuen Tempels zu segnen, würde als extreme Provokation verstanden werden, setzte er doch die Zerstörung der Moschee voraus. Die Symbolik, die im September 2000 Ariel Scharons Besuch auf dem Berg umgab, bleibt Gegenstand höchst unterschiedlicher Deutungen durch Muslime und Juden. Und stünden nicht so viele Menschenleben auf dem Spiel, würde der Beitrag des christlichen Fundamentalismus zu dieser hochbrisanten Mischung als amüsanter Zynismus erscheinen. Diese Weissagungsgläubigen sind sich sicher, dass Jesus auf dem Höhepunkt der Schlacht von Harmagedon wiederkehren wird, doch seine tausendjährige Herrschaft, die für die Bekehrung der Juden und Muslime zum Christentum oder ihre Vernichtung sorgen wird, kann nicht beginnen, bevor nicht der Dritte Tempel erbaut ist.

So entstand mit Hilfe christlich-fundamentalistischer Rancher aus Texas eine Rinderzucht in Israel, die die Geburt der vollkommen makellosen rötlichen Kuh fördern und auf diese Weise, so müssen wir annehmen, das Ende der Tage ein bisschen beschleunigen sollte. 1997 herrschte große Aufregung – und entsprechender Spott in den Medien –, als eine verheißungsvolle Kandidatin das Licht der Welt erblickte. Monate später riss sich dieses vielgepriesene Kalb eine Keule an einem Stacheldraht-zaun auf, woraufhin am Wundrand weiße Haare sprießten und das Tier augenblicklich disqualifi-zierten. 2002 wurde die Geburt eines weiteren ro-ten Kalbs mit großem Jubel begrüßt, der später wieder der Enttäuschung wich. In der gefährlichen Gemengelage, zu der sich Geschichte, Religion und Politik auf dem Tempelberg verbinden, spielt die rötliche Kuh nur eine nebensächliche Rolle. Doch die Suche nach ihr und die Hoffnungen und Sehn-süchte, die sich um sie ranken, belegen die gefähr-liche Tendenz unter Weissagungsgläubigen, jenen Kataklysmus heraufzubeschwören, der ihrer Mei-nung nach zur Entstehung des Paradieses auf Er-den führt. Dass es der gegenwärtigen Regierung offenbar widerstrebt, mit dem erforderlichen poli-tischen Nachdruck auf eine Friedensregelung im israelisch-palästinensischen Konflikt hinzuwirken, hat möglicherweise weniger mit dem Druck jüdi-scher Gruppen als der Eschatologie der christli-chen Rechten zu tun.

Geschichtliche Epochen der Unsicherheit, ra-scher, beunruhigender Veränderungen und sozialer Unruhen scheinen diesen alten Geschichten mehr Gewicht zu verleihen. Es bedarf keines Schriftstel-lers, um uns zu sagen, dass eine Erzählung, die ei-nen Anfang hat, auch ein Ende braucht. Wo ein

Schöpfungsmythos ist, muss auch ein Schlusskapitel sein. Wo ein Gott die Welt erschafft, liegt es auch in seiner Macht, seine Schöpfung rückgängig zu machen. Wenn menschliche Schwäche oder Schlechtigkeit offenkundig wird, gibt es auch Schuldphantasien von übernatürlicher Vergeltung. Wenn die Menschen – materiell oder spirituell – zutiefst enttäuscht sind, kommen die Träume von der vollkommenen Gesellschaft, in der alle Konflikte gelöst und alle Bedürfnisse befriedigt sind.

So viel können wir verstehen – oder höflich vorgeben zu verstehen. Doch das Problem des Fatalismus bleibt. In einem Zeitalter nuklearer Bedrohung und schwerster Umweltbelastung erzeugt apokalyptischer Glaube eine ernsthafte Gefahr zweiter Ordnung. Die prekäre Logik des Eigennutzes, die uns heil durch den Kalten Krieg brachte, wäre schlagartig aufgehoben, wenn die politische Führung einer Atommacht die Massenvernichtung freudig begrüßen oder nicht mehr fürchten würde. In einem iranischen Schulbuch für die elfte Klasse werden die folgenden Worte von Ayatollah Chomeini beifällig zitiert: »Entweder wir reichen uns die Hände voll Freude über den Sieg des Islams in der Welt, oder wir wenden uns alle dem ewigen Leben und dem Märtyrertum zu. In beiden Fällen gehören uns Sieg und Erfolg.«

Wenn wir die globalen Temperaturen weiter steigen lassen, weil wir auf die Gruppe hören, die glaubt, es sei Gottes Wille, dann gehen wir wahrhaft – und buchstäblich – unter.

Wäre ich ein gläubiger Mensch, befände ich mich wohl eher an der Seite Jesu – von dem Matthäus berichtet, er habe gesagt: »Von dem Tage aber und der Stunde weiß niemand, auch die Engel im Himmel nicht, auch der Sohn nicht, sondern allein der Vater.«

Doch selbst ein Skeptiker kann in dem Fundus an religiösen Äußerungen auch Freude, Furcht, Liebe und, vor allem, Ernsthaftigkeit finden. Ich komme noch einmal auf Philip Larkin zurück – einen Atheisten, der auch den Augenblick und das Wesen der Transzendenz kannte. Berühmt ist seine Beschreibung einer Kirche:

»Ein ernstes Haus ist es auf ernster Erde:
In seiner Luft wolln unsere Zwänge innehalten,
Wolln anerkannt und schicksalswürdig
    werden.«[*]

Und wer könnte ernster sein als der Autor des folgenden Gebets für die Bestattung der Toten, Hiob

[*] Horst Meller und Klaus Reichert (Hg.): *Englische Dichtung von R. Browning bis Heaney*. München, 2001, S. 347

14,1–2, eine Beschwörung von düsterer, existenzieller Schönheit, zumal in ihrer schönen Vertonung von Henry Purcell: »Der Mensch, vom Weibe geboren, lebt kurze Zeit und ist voll Unruhe, geht auf wie eine Blume und fällt ab, flieht wie ein Schatten und bleibt nicht.«

Letztlich ist die apokalyptische Überzeugung eine Funktion des Glaubens – jener strahlenden inneren Überzeugung, die keinen Beweis braucht. In der Regel werden die Waffen der Vernunft gegen den unerschütterlichen Glauben mobilisiert, doch in diesem Fall würde ich einen wunderbaren Trieb des Menschen bevorzugen – die Neugier, das Erkennungszeichen geistiger Freiheit. Organisierte Religion hat seit jeher ein – vorsichtig gesagt – gestörtes Verhältnis zur Neugier. Das Misstrauen, das den Islam zumindest in den letzten zweihundert Jahren kennzeichnet, kommt am deutlichsten in seiner Haltung gegenüber jenen zum Ausdruck, die vom Glauben abfallen, den Abtrünnigen, die sich zu anderen Religionen oder überhaupt keiner hingezogen fühlen. Noch in jüngerer Zeit, 1975, ordnete Bin Baz, der Mufti von Saudi-Arabien, in einer von Shmuel Bar zitierten Fatwa Folgendes an: »Diejenigen, die behaupten, die Erde sei rund und bewege sich um die Sonne, sind Abtrünnige, ihr Blut kann vergossen und ihr Eigentum kann im

Namen Gottes genommen werden.« Zehn Jahre später machte Bin Baz dieses Urteil rückgängig. Regelmäßig aber werden solche Abtrünnigen noch von ganz normalen islamischen Gerichten zu Strafen von Ächtung bis zu Tode Prügeln verurteilt. Wer eine der vielen Webseiten aufruft, auf denen sich muslimische Abtrünnige anonym austauschen, betritt eine Welt tapferer und verängstigter Männer und Frauen, die ihrer Unzufriedenheit und geistigen Neugier nachgegeben haben.

Doch Christen haben keinen Anlass zu Selbstgefälligkeit. Das erste Gebot heißt – bei Todesstrafe, wenn wörtlich genommen – »Du sollst keine Götter neben mir haben«. Im vierten Jahrhundert fand Augustinus eine befriedigende Formulierung für die Christenheit, die lange Bestand hatte:

> »Es gibt noch eine weitere Art der Versuchung, die noch stärker mit Gefahren verbunden ist. Es ist die Krankheit der Neugier. Sie treibt uns dazu, dass wir die Geheimnisse der Natur aufdecken wollen, jene Geheimnisse, die außerhalb unseres Verständnisses liegen, die uns nichts nützen und die zu erkennen wir uns nicht wünschen sollten.«[*]

---

[*]   Arno Rentsch: *Religion unter der Lupe*. Norderstedt, 2008, S. 59

Und doch war es Neugier, wissenschaftliche Neugier, die uns echtes, überprüfbares Wissen über die Welt geliefert und eine Vorstellung davon vermittelt hat, welche Stellung wir in der Welt einnehmen und wie es um unser Wesen bestellt ist. Dieses Wissen besitzt eine eigene Schönheit, die schrecklich sein kann. Wir beginnen gerade erst die Bedeutung dessen zu begreifen, was wir in letzter Zeit gelernt haben. Und was genau haben wir gelernt? Ich beziehe mich hier auf einen Essay von Steven Pinker, in dem er sein Ideal einer Universität beschreibt: Unter anderem haben wir gelernt, dass unser Planet ein winziges Staubkorn in einem unvorstellbar riesigen Kosmos ist; dass unsere Spezies erst seit einem winzigen Bruchteil der Erdgeschichte existiert; dass Menschen Primaten sind; dass Bewusstsein die Aktivität eines Organs ist, dessen Funktionen auf physiologischen Prozessen beruhen; dass uns bestimmte Methoden der Wahrheitsüberprüfung zu Schlussfolgerungen zwingen, die gegen den gesunden Menschenverstand verstoßen, ganz besonders radikal im Bereich der sehr großen und sehr kleinen Dinge; dass Überzeugungen, die uns sehr am Herzen liegen und sehr verbreitet sind, oft erbarmungslos widerlegt werden, wenn man sie empirischen Tests unterzieht; dass wir ohne Verlust keine Energie erzeugen oder verwenden können.

Nach dem gegenwärtigen Stand der Dinge haben wir nach mehr als hundert Jahren Forschung auf zahlreichen Feldern nicht den geringsten Beweis dafür, dass sich die Zukunft vorhersagen lässt. Weit besser ist der direkte Blick in die Vergangenheit, auf die Müllhalden der nicht verwirklichten Zukunftsentwürfe, denn Neugier auf Vergangenheit könnte die Endzeitgläubigen nachdenklich stimmen, müssten sie dann doch erkennen, dass sie sich auf einem Kontinuum befinden, einer langen, seit tausend Jahren ungebrochenen Tradition der Phantastereien, die den Phantasten die unmittelbare Erlösung und dem Rest der Menschheit den Untergang versprechen. Auf einer dieser der Endzeit-Verzückung gewidmeten Webseiten, von denen es im Netz wimmelt, findet sich unter der Rubrik »Häufig gestellte Fragen« unter anderem die folgende: Was wird mit Kindern anderen Glaubens geschehen, wenn der Herr kommt? Die Antwort ist unmissverständlich: »Gottlose Eltern bringen Verdammnis über ihre Kinder.« Angesichts dieser Antwort könnte man zu dem Schluss kommen, dass der Endzeitglaube gegenüber den Erfahrungen der Geschichte wahrscheinlich ebenso immun ist wie gegenüber simplem menschlichen Anstand.

Wenn wir uns selbst vernichten, können wir davon ausgehen, dass die allgemeine Reaktion Schrecken und Kummer über die Sinnlosigkeit des Ganzen sein wird und nicht Verzückung. Viele von uns erinnern sich noch, dass wir einmal der Vernichtung unserer Zivilisation sehr nahe kamen, als im Oktober 1962 sowjetische Schiffe mit nuklearen Sprengköpfen, die auf dem Weg zu Abschussrampen auf Kuba unterwegs waren, auf eine Blockade der US Navy zusteuerten, und die Welt den Atem anhielt, ob Nikita Chruschtschow seinen Konvoi nach Hause beordern würde. Es ist bemerkenswert, wie wenig von diesem erschreckenden Ereignis im öffentlichen Gedächtnis, in der modernen Folklore überlebt hat. In den zahllosen militärischen, politischen, diplomatischen Schriften zur Kubakrise findet sich wenig über ihre Auswirkung auf das normale Leben jener Zeit, in den Familien, den Schulen, am Arbeitsplatz, über die Furcht und die schreckensstarre Verständnislosigkeit der breiten Öffentlichkeit. Diese Furcht hat weder hier noch anderswo so deutliche Spuren in der nationalen Erzählung hinterlassen, wie man erwarten sollte. Dazu schreibt Spencer Weart: »Als die Krise zu Ende ging, wandten die meisten Leute ihre Aufmerksamkeit so rasch ab wie ein Kind, das einen Stein aufhebt, etwas Schleimiges darunter sieht und ihn zurückfallen lässt.« Vielleicht hat auch die Ermordung Präsident Kennedys im folgenden Jahr dazu beigetragen, dass die Erinnerung der Leute an die Kubakrise verblasst ist. Seine Ermordung in Dallas wurde zu einem Merkzeichen in der Geschichte der weltweiten Nachrichtenübertragung: Ein enormer Anteil der Weltbevölkerung erinnerte sich offenbar genau, wo man sich jeweils befand, als man die Nachricht hörte. Diese beiden Ereignisse miteinander verschmelzend, eröffnet Christopher Hitchens seinen Essay über die Kubakrise mit den Worten: »Wie jeder Angehörige meiner Generation kann ich mich genau erinnern, wo ich stand und was ich tat an jenem Tag, als mich Präsident John Fitzgerald Kennedy beinahe umgebracht hätte.« Der Himmel gab kein Zeichen während der angespannten Stunden der Krise. Aber, so Hitchens, sie »bot der Welt den besten Ausblick auf die Pforten der Hölle, den sie je hatte«.

Ich begann mit dem Gedanken, dass die Fotografie ein Archiv der Sterblichkeit sei, und möchte enden mit dem Foto eines Massensterbens. Es zeigt, wie 1993, am Ende einer 51-tägigen Belagerung, glühende Flammen und Rauch aus einem Gebäude im texanischen Waco steigen. Die Gruppe in dem Gebäude waren die *Branch Davidians,* eine Splittergruppe der Davidianer, die ihrerseits ein Ableger der Siebenten-Tags-Adventisten waren. Ihr Anführer David Koresh war durchdrungen von der biblischen Endzeittheologie und überzeugt, dass Amerika Babylon sei, der Handlanger Satans, der in Gestalt des Bureau of Alcohol, Tobacco, and Firearms und des FBI komme, um die den Sabbat einhaltenden »Übrigen« zu vernichten, die aus dem reinigenden, selbstmörderischen Feuer hervorgehen würden, um den Anbruch eines neuen Reichs zu erleben. Hier haben wir in der Tat Susan Sontags »postume Ironie«: Das mittelalterliche Europa erschuf sich neu in Gestalt eines charismatischen Mannes, eines Messias, eines Boten Gottes, des Trägers der vollkommenen Wahrheit, der sexuelle Macht über seine Anhängerinnen ausübte und sie dazu bewog, ihm Kinder zu gebären, die den Anfang einer »Davidianischen« Linie bilden sollten. In dem glühenden Inferno starben die Kinder, ihre Mütter und andere Anhänger. Noch mehr starben zwei Jahre später, als Timothy McVeigh sein Blutbad in Oklahoma City verübte, um an der Regierung Rache zu nehmen für ihren Angriff auf Waco. Nicht umsonst ist »Frömmigkeit« eines der von Psychiatern dokumentierten und beschriebenen Symptome einer beginnenden Psychose.

Ist es mittlerweile tatsächlich so um die öffentliche Meinung bestellt, dass es nicht mehr als Platitude gilt, wenn man sagt, die Evidenz der Vergangenheit und die Stimme unserer hochgeschätzten

Vernunft ließen darauf schließen, dass die Zukunft nicht feststehe? Wir haben keinen Grund zu der Annahme, dass irgendwelche Daten im Himmel oder in der Hölle vorgemerkt sind. Vielleicht vernichten wir uns selbst; vielleicht kommen wir davon. Uns dieser Ungewissheit zu stellen ist ein Gebot unserer Reife und unser einziger Ansporn zu klugem Handeln. Die Gläubigen sollten heute im Grunde wissen, dass ihr wohlwollender und wachsamer persönlicher Gott – wenn sie denn recht haben und es ihn wirklich gibt – nicht gern interveniert, wie all die täglichen Tragödien, all die toten Kinder bezeugen. Wir anderen wissen: Wenn nicht der Beweis des Gegenteils erbracht wird, spricht eine hohe Wahrscheinlichkeit dagegen, dass da oben jemand ist. Wie auch immer, in diesem Fall spielt es kaum eine Rolle, wer unrecht hat – niemand wird uns retten, wenn wir es nicht tun.

Lecture at Stanford University, 2007

*Ian McEwan
im Diogenes Verlag*

Erste Liebe – letzte Riten

Erzählungen. Aus dem Englischen von
Harry Rowohlt

»Die Mehrzahl dieser Geschichten handelt von Jugendlichen und davon, wie sie von der Welt der Erwachsenen verdorben werden. Die Unschuld der Pubertät wird weniger verloren als zerschmettert... Nichts für Zimperliche, aber dieser Stil hat eine lakonische Brillanz. Nichts wird ausgesprochen, alles wird angetippt.« *Peter Lewis / Daily Mail, London*

»Das brillante Debüt des hoffnungsvollsten Autors weit und breit.« *A. Alvarez / The Observer, London*

Der Zementgarten

Roman. Deutsch von
Christian Enzensberger

Ein Kindertraum wird Wirklichkeit: Papa ist tot, Mama stirbt und wird, damit keiner was merkt, einzementiert, und die vier Kinder – zwei Mädchen und zwei Jungen zwischen 6 und 16 – haben das große Haus in den großen Ferien für sich. Im Laufe des drückend heißen, unwirklichen Sommers kapselt sich die Gemeinschaft mehr und mehr gegen die Außenwelt ab, und keiner merkt, dass etwas faul ist.

»Ein ebenso faszinierendes wie monströses, ein abstoßend und hinterhältig schillerndes Buch.«
Aurel Schmidt / Basler Zeitung

Zwischen den Laken

Erzählungen. Deutsch von Michael Walter
und Bernhard Robben

Sieben bestechende Erzählungen vom Meister der Kurzgeschichten – zum Wiederlesen und Neuentdecken.

»Noch in der erbärmlichsten, entfremdetsten Beziehung finden sich Spuren wirklicher Liebe und des wirklichen menschlichen Bedürfnisses, zu lieben und geliebt zu werden.«
Jörg Drews / Süddeutsche Zeitung, München

Die Erzählung *Psychopolis* ist auch
als Diogenes Hörbuch erschienen,
gelesen von Christian Ulmen

Der Trost von Fremden
Roman. Deutsch von Michael Walter

Hochsommer in Venedig, die Stadt ist von Touristen überschwemmt. Auch Mary und Colin sind hier im Urlaub. Jeden Abend sitzen sie auf dem Balkon ihres Hotels und blicken hinaus auf den Kanal. Dann machen sie sich zurecht für ihren Dinnerspaziergang durch die Stadt: Mit peinlicher Sorgfalt wählen sie ihre Garderobe – als warte irgendwo unter den Tausenden, zu denen sie sich gesellen werden, jemand, dem viel an ihrer äußeren Erscheinung liegt. Auch an diesem Abend verlieren sie sich im Gewirr der Kanäle und engen Gassen. Noch sind sie dem Fremden nicht begegnet; noch ahnen sie nicht, dass sie beide bereits Teil seiner Geschichte sind.

»›Jeder Mensch ist ein Abgrund; es schwindelt einem, wenn man hinabsieht‹: Dieser Satz aus Georg Büchners *Woyzeck* könnte als Motto über Ian McEwans Roman stehen. *Der Trost von Fremden* ist ein irritierendes, atmosphärisch dichtes kleines Meisterwerk.«
Neue Zürcher Zeitung

Ein Kind zur Zeit
Roman. Deutsch von Otto Bayer

Eines Tages wird für Stephen und Julie der schlimmste Alptraum aller Eltern Wirklichkeit: Ihre dreijährige Tochter verschwindet spurlos.

Ein Roman über eine Welt, in der Bettler Lizenzen haben und Eltern darüber aufgeklärt werden, dass Kindsein eine Krankheit ist. Aber auch eine subtile Ergründung von Zeit, Zeitlosigkeit, Veränderung und Alter.

»Voll leiser Selbstironie, zartfühlender Klugheit, kurzum jenem Charme, der diesem Autor unverwechselbar zu eigen ist.« *Die Presse, Wien*

Unschuldige
Eine Berliner Liebesgeschichte
Roman. Deutsch von Hans-Christian Oeser

Berlin in den fünfziger Jahren: der ideale Tummelplatz für Geheimdienste und Spione jeglicher Couleur. Leonard Marnham, ein englischer Fernmeldetechniker, kommt 1955 mit 26 Jahren nach Berlin, wo er sowjetische Telefonleitungen anzapfen soll. Außerdem verliebt er sich – naiv und schüchtern, wie er ist – in eine vier Jahre ältere Deutsche. Leonard vergräbt sich immer tiefer und auswegloser in fremde, gefährliche Welten und wird von der hübschen Maria in die verborgenen Winkel menschlicher Beziehungen geführt. Marnham fühlt, wie ihm sein Leben entgleitet – und findet es herrlich...

»Der Roman ist von der ersten bis zur letzten Zeile spannende Unterhaltung.«
Kurt Otten / Die Welt, Berlin

Schwarze Hunde
Roman. Deutsch von Hans-Christian Oeser

Ein englisches Paar auf der Hochzeitsreise: Inmitten der Naturschönheiten Südfrankreichs begegnen June zwei grässliche Hunde, die sie nie mehr vergessen wird. Bernard kann ihre aufgewühlten Gefühle nicht verstehen. Die Wege der Jungvermählten beginnen sich zu trennen...

»Ian McEwans Roman *Schwarze Hunde* verbindet den Thriller mit der Metaphysik.«
Paul Ingendaay / Frankfurter Allgemeine Zeitung

Der Tagträumer
Erzählung. Deutsch von Hans-Christian Oeser

Die gesamte Familie mittels einer Zaubercreme zum Verschwinden bringen, das wäre doch was, denkt sich Peter Glück – ein wenig aus Langeweile, ein wenig aus Trotz. Oder wie wäre es einen Tag lang das Leben des Katers der Familie zu führen? Und was wäre erst wenn… Einfühlsam und heiter, ohne die Bedrohlichkeit seiner anderen Bücher, schildert Ian McEwan das Innenleben eines introvertierten Jungen, der in seinen Träumen die Welt verstehen und sein eigenes Leben schätzen lernt.

»Der Roman von Ian McEwan ist kein Kinderbuch, sondern ein zauberhafter Roman für Erwachsene: über einen, der die Welt mit einer Phantasie erlebt, die den meisten Erwachsenen abhanden gekommen ist.«
Brigitte, Hamburg

Auch als Diogenes Hörbuch erschienen,
gelesen von Anna König

Liebeswahn
Roman. Deutsch von Hans-Christian Oeser

Ein Roman darüber, was mit dem Leben und mit der Liebe passiert, wenn sie der Obsession eines Eindringlings ausgesetzt werden. Ein aufwühlender Roman, der zwischen den hellen und den dunklen Seiten der Liebe oszilliert, bis die Nerven reißen.

»In seinem intelligenten Thriller spielt Ian McEwan virtuos mit den Krankheitssymptomen einer erotischen Obsession. Ein literarisch brillanter Balanceakt zwischen Wahn und Wirklichkeit.«
ARD *Bücherjournal*

Amsterdam
Roman. Deutsch von Hans-Christian Oeser

Alle haben sie dieselbe Frau geliebt, die nun nicht mehr ist: ein Politiker, ein Chefredakteur, ein Komponist. Als desto gegensätzlicher erweisen sich ihre Ambitionen: Ein Freundschaftspakt wird zum Teufelspakt, als es in Amsterdam zum Showdown kommt.

»*Amsterdam* führt knapper und deutlicher als alle früheren McEwan-Werke vor, wie präzise der Autor das Räderwerk seiner Erzähltechnik ineinandergreifen lässt, wie virtuos er sein Handwerk beherrscht.« *Wolfgang Höbel / Der Spiegel, Hamburg*

Abbitte
Roman. Deutsch von Bernhard Robben

Die Abgründe und die Macht der Leidenschaft und der Phantasie: An einem heißen Tag im Sommer 1935 spielt die dreizehnjährige Briony Tallis Schicksal und verändert dadurch für immer das Leben dreier Menschen.

»Ein glänzender Romancier, ein fabelhaftes Buch, eine wunderbare Liebesgeschichte.« *Marcel Reich-Ranicki*

»Als es mir wirklich schlecht ging, habe ich *Abbitte* gelesen. Ich habe gelesen und war gerettet.« *Elke Heidenreich*

Auch als Diogenes Hörbuch erschienen, gelesen von Barbara Auer

Saturday
Roman. Deutsch von Bernhard Robben

Henry Perowne, 48, ist ein zufriedener Mann: erfolgreich als Neurochirurg, glücklich verheiratet, zwei begabte Kinder. Das Einzige, was ihn leicht beunruhigt, ist der Zustand der Welt. Es ist Samstag, und er freut sich auf sein Squashspiel. Doch an diesem speziellen Samstag, dem 15. Februar 2003, ist nicht nur die größte Friedensdemonstration aller Zeiten in London. Perowne hat unversehens eine Begegnung, die ihm jeden Frieden raubt...

Letzter Sommertag

Stories. Deutsch von Bernhard Robben,
Harry Rowohlt und Michael Walter

Ich bin zwölf und liege fast nackt auf dem Bauch in der Sonne auf dem Hintergartenrasen, als ich zum ersten Mal höre, wie sie lacht. Es ist ein Mädchenlachen, das Lachen einer jungen Frau, kurz und nervös, als würde über etwas gelacht, das gar nicht komisch ist.

»Brillante Kurzgeschichten. Bereits der junge McEwan hatte einen unbestechlichen Blick für die Untiefen der menschlichen Psyche.« *Frankfurter Neue Presse*

Am Strand

Roman. Deutsch von Bernhard Robben

Das Schlimmste am Heiraten ist die Hochzeitsnacht. Zumindest für Edward und Florence, 1962 im prüden England. Begierde und Befangenheit, Anziehung und Angst sind miteinander im Widerstreit in der Hochzeitssuite mit Blick aufs Meer.
Die Nacht verändert das Schicksal der Liebenden – für immer.

»Ein Strand, zwei Menschen, ein Abend – so einfach ist große Literatur. Wie ein Meisterwerk des Fin de siècle liest sich *Am Strand*, dieses nächtlich funkelnde Porträt eines untergegangenen Landes, einer untergegangenen Zeit, einer untergehenden Liebe.«
Elmar Krekeler / Die Welt, Berlin

For You

Libretto für eine Oper
von Michael Berkeley

Zweisprachige Ausgabe
Deutsch von Manfred Allié

Was tut man nicht alles für ein Solo von 32 Takten. Dies ist die Belohnung, mit der sich der alternde Komponist und Frauenheld Charles Frieth willigen Orchesterdamen erkenntlich zeigt. Eine aber lässt sich nicht bestechen: die polnische Haushälterin. Ian McEwan hat zur Musik von Michael Berkeley sein erstes Opernlibretto verfasst: eine Schlafzimmergroteske, in der menschliche Dissonanzen amüsant dargestellt sind.

»Ein Hit: ironisch, komisch, temporeich, saftig und mit einem äußerst schwarzen Ende für den Bösewicht. Typisch McEwan.«
Richard Morrison / The Times, London

Solar

Roman. Deutsch von Werner Schmitz

Michael Beard ist Physiker – und Frauenheld. Er hat den Nobelpreis erhalten, doch ist er alles andere als nobel: Im Beruf ruht er sich auf seinen Lorbeeren aus, privat hält es ihn auf Dauer bei keiner Frau. Bis die geniale Idee eines Rivalen für Zündstoff in seinem Leben sorgt. In *Solar* geht es nicht nur um Sonnen, sondern auch um kriminelle Energie.

»Ian McEwan hat mit *Solar* nicht nur einen seiner stärksten Romane vorgelegt, sondern auch in thematischer Hinsicht Literaturgeschichte geschrieben.«
Felicitas von Lovenberg /
Frankfurter Allgemeine Zeitung

Auch als Diogenes Hörbuch erschienen,
gelesen von Burghart Klaußner

Honig
Roman. Deutsch von
Werner Schmitz

Sex, Spionage, Fiktion und die Siebziger: Serena arbeitet beim britischen Geheimdienst MI5. Weil sie auch eine passionierte Leserin ist, wird die junge Frau auf eine literarische Mission geschickt. Ian McEwan lockt uns mit gewohnter Brillanz in eine Intrige um Verrat, Liebe und die Erfindung der eigenen Identität.

»*Honig* ist ein Roman übers Lesen und die Verführungskunst der Literatur, klug und mit viel Charme erzählt.« *Thomas Hermann / Neue Zürcher Zeitung*

Auch als Diogenes Hörbuch erschienen,
gelesen von Eva Mattes

Kindeswohl
Roman. Deutsch von
Werner Schmitz

Familienrecht ist das Spezialgebiet von Fiona Maye, Richterin am High Court in London: Scheidungen, Sorgerecht, Fragen des Kindeswohls. In ihrer eigenen Ehe ist sie seit über dreißig Jahren glücklich. Da unterbreitet ihr Mann ihr einen schockierenden Vorschlag. Und zugleich wird ihr ein dringlicher Gerichtsfall vorgelegt, in dem es um den Widerstreit zwischen Religion und Medizin und um Leben und Tod eines 17-jährigen Jungen geht.

»Wieder hat sich McEwan ein hochaktuelles Thema vorgenommen, das er kenntnisreich und spannend beleuchtet.« *Valeria Heintges / St. Galler Tagblatt*

»Ein meisterhafter Roman.«
Kate Kellaway / The Observer, London

Auch als Diogenes Hörbuch erschienen,
gelesen von Eva Mattes

Bernhard Schlink
im Diogenes Verlag

»Bernhard Schlinks Prosa ist klar, präzise und von schöner Eleganz.«
Michael Kluger / Frankfurter Neue Presse

»Makellos-schlichte Prosa. Schlink ist ein Meister der deutschen Sprache.«
Eckhard Fuhr / Die Welt, Berlin

Selbs Justiz
Roman
Gemeinsam mit Walter Popp
Auch als Diogenes Hörbuch erschienen, gelesen von Hans Korte

Die gordische Schleife
Roman

Selbs Betrug
Roman

Der Vorleser
Roman
Auch als Diogenes Hörbuch erschienen, gelesen von Hans Korte

Liebesfluchten
Geschichten
Sämtliche Geschichten unter dem Titel *Liebesfluchten* auch als Diogenes Hörbuch erschienen, gelesen von Charles Brauer; außerdem die Geschichte *Seitensprung* als Diogenes Hörbuch, gelesen von Charles Brauer

Selbs Mord
Roman

Vergewisserungen
Über Politik, Recht, Schreiben und Glauben

Die Heimkehr
Roman
Auch als Diogenes Hörbuch erschienen, gelesen von Hans Korte

Vergangenheitsschuld
Beiträge zu einem deutschen Thema

Das Wochenende
Roman
Auch als Diogenes Hörbuch erschienen, gelesen von Hans Korte

Sommerlügen
Geschichten
Auch als Diogenes Hörbuch erschienen, gelesen von Hans Korte

Gedanken über das Schreiben
Heidelberger Poetikvorlesungen

Selb-Trilogie
Selbs Justiz · Selbs Betrug · Selbs Mord
Drei Bände im Schuber

Die Frau auf der Treppe
Roman
Auch als Diogenes Hörbuch erschienen, gelesen von Charles Brauer

Erkundungen
zu Geschichte, Moral, Recht und Glauben

Olga
Roman
Auch als Diogenes Hörbuch erschienen, gelesen von Burghart Klaußner

Abschiedsfarben
Erzählungen
Auch als Diogenes Hörbuch erschienen, gelesen von Bernhard Schlink